ゲッターズ飯田の開運ブック

決断できる。
好きになる。
楽しくなる。

はじめに

「開運」と言うと、嬉しいことや楽しいことが次々に起き、普段の生活が何もしなくても幸運に満ち溢れ、運が無制限に上がり、笑いが止まらないような生活が送れるようなイメージを持つ人がいますが、僕の思う開運とは「決断できるようになる」「好きなことを見つけられる」「楽しく生きられる」この3つです。

これまで、延べ4万人を超える人を占い、〝運のいい人〟には共通点があり、その特徴を掴むことができました。その特徴をマネするだけで自分も開運できたと思い、今ではいろいろな人にアドバイスをしています。

その特徴の多くはとても簡単で単純なことですが、簡単で単純なことを継続する事が難しく、その時は理解できたとしても実行することをすぐに忘れてしまう人が多かった。

そこで、3つのことから始めてください。まずは、「背筋を伸ばす」「チョコレートを食べる」「白いシャツを着る」。これが〝運のいい人〟の象徴的な特徴で、この3つなら、誰でも今すぐにでも始められるはず。いきなり3つを同時にできなくても、どれかひとつでもやってみるといい。「背筋を伸ばす」なんてことはこの本を読みながらできるからすぐやってみてください。できれば胸も張って！

動き出さなければ何も始まらない。動き出せば、それが開運の第一歩となります。疑わないで素直にやってみる、その心がある人は既に開運しているかもしれません。まずは、やってみることが大切。そして、すべての出会いに感謝してください。人に会える、人と話せることの素晴らしさに気が付いてください。

笑顔で元気に挨拶することもお忘れなく。笑顔を心掛ければ、幸運は自然にやってくるもの。

この本を手にとって頂きありがとうございます。あなたの人生を少しでも前向きし、ちょっとでも背中を押せたら幸いです。

ゲッターズ飯田

もくじ

本書の読み方

★第一章～第四章について
ゲッターズ飯田流〝人間学〟に基づく開運の手引き

ここではゲッターズ飯田が、占いを通して出会ってきた4万人以上のデータを基に開運する方法をお伝えします。幸福を手にした成功者に共通する考え方や行動を集約して、なるべく端的な言葉で表現しました。

第一章では、僕の半生や実体験を基に開運を定義しています。ここで、運気の意味を知り、幸運を摑むための心構えにしましょう。

第二章は、すべての人に共通する開運するための3ヵ条です。開運のための第一歩になります。まずは、この3ヵ条から実践してみてください。

第三章では、強運になるための法則をキーワードと共に解説していきます。この法則に従えば、占いに頼らなくても自然と開運に導かれていきます。

第四章では、僕が実際に耳にした、開運を象徴するエピソードを紹介します。〝いい話〟や〝いい言葉〟を知ると、それはそのまま運気アップに繋がります。

ここまでは、占いによる開運術ではなく、僕が占いを通して多くの人と交流し、知り得た開運の鍵をお伝えします。ゲッターズ飯田流の人間学もしくは行動学に基づいた開運術です。

★第五章～第六章について

『五星三心占い』による開運の手引き

まず、P91からの『五星三心占い　早見表の見方』で、生年月日を基に自分の開運番号を探し出してください。開運番号は、1～60まであります。自分の開運番号がわかったら、その番号を記憶して第五章と第六章に当てはめて開運術を習得してください。

★第五章の読み方

①ここの数字に自分の開運番号が含まれていれば、そのページにあるのが、あなたのための開運3ヵ条です。
②ここが、あなたに贈る開運3ヵ条です。
③開運3ヵ条のそれぞれの解説です。
④本当の自分を知るための『五星三心占い』による占い結果です。
⑤恋愛運に特化した開運3ヵ条です。

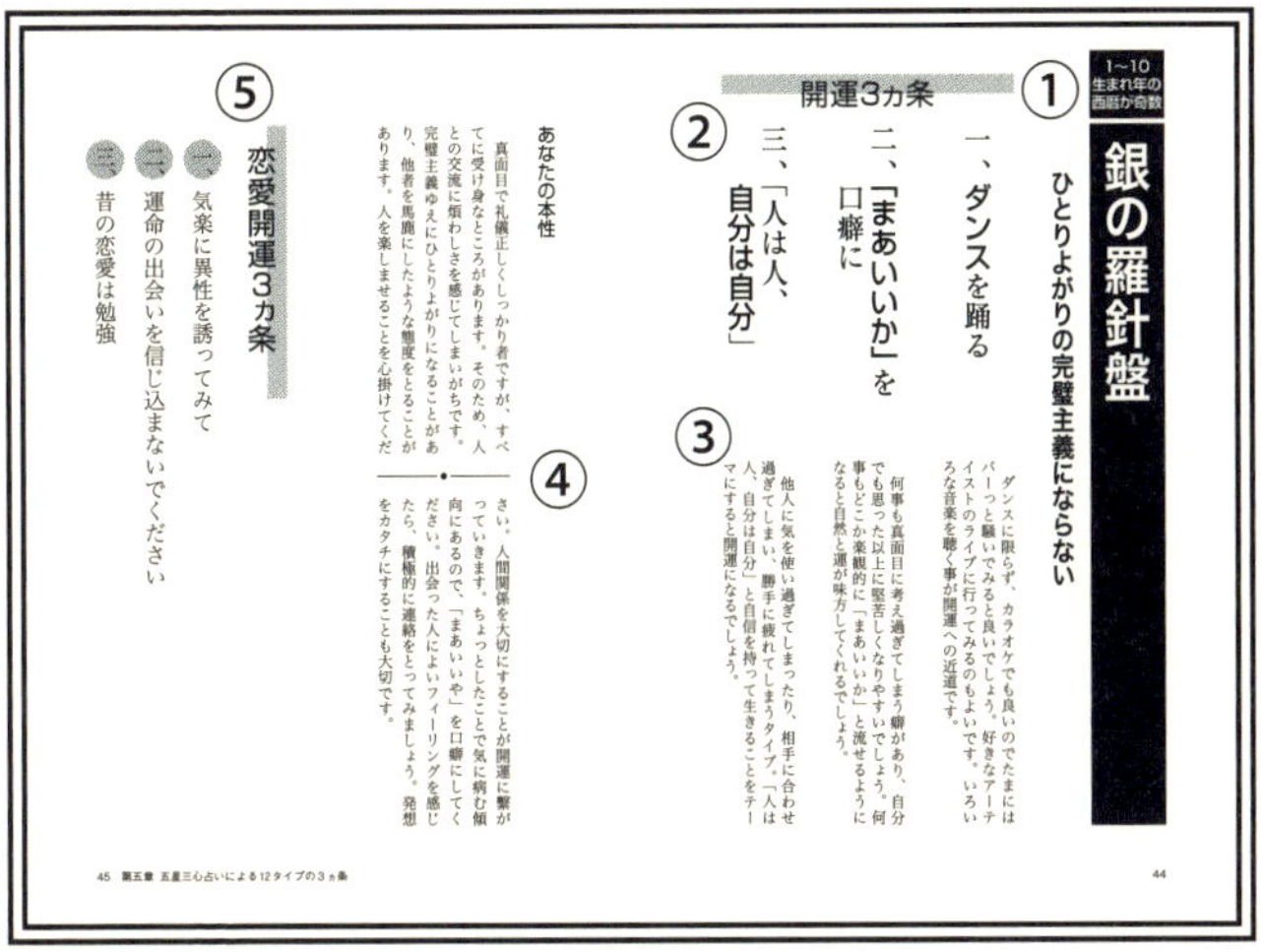

★第六章の読み方

第五章よりもさらに細かく開運術をお伝えします。1～60まである開運番号をここに記された数字と合わせてください。そこに書かれていることを実践すればさらに開運力がアップします。運気が悪いと感じた時こそ役立ててください。

①ここの数字とあなたの開運番号を合わせてください。
②あなたのための開運への心掛けが書かれています。
③あなたを開運に導いてくれる色、人物、食べ物、場所を示しています。
④その開運番号を持つ人だけに贈る開運3ヵ条です。
※『五星三心占い　早見表の見方』は、1945年～2013年まで掲載しています。

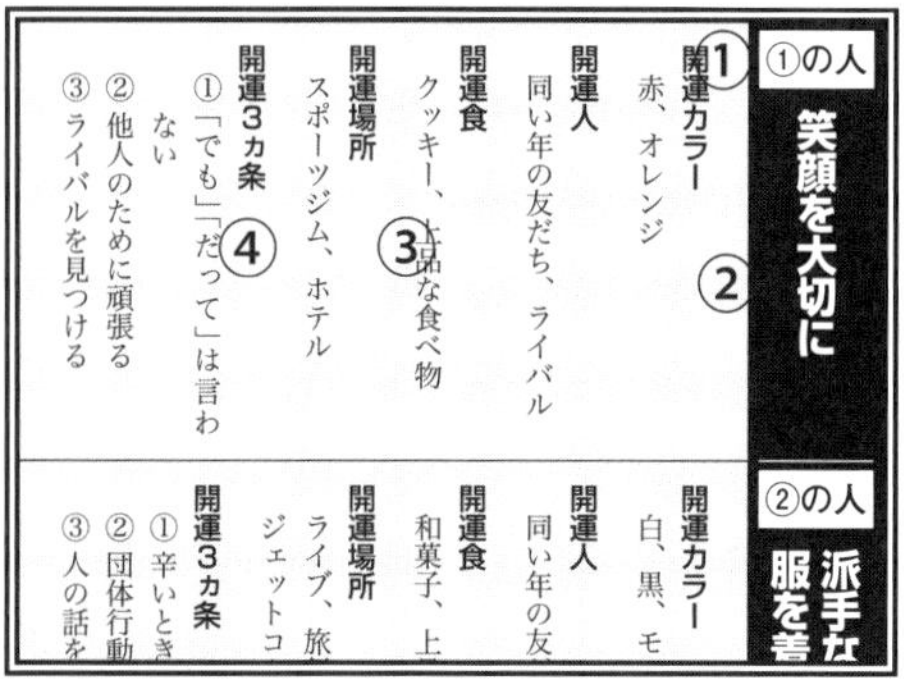
①の人 笑顔を大切に
開運カラー
赤、オレンジ
開運人
同い年の友だち、ライバル
開運食
クッキー、上品な食べ物
開運場所
スポーツジム、ホテル
開運3ヵ条
①「でも」「だって」は言わない
②他人のために頑張る
③ライバルを見つける

②の人 派手な服を着
開運カラー
白、黒、モ
開運人
同い年の友
開運食
和菓子、上
開運場所
ライブ、旅
ジェットコ
開運3ヵ条
①辛いとき
②団体行動
③人の話を

第一章 ゲッターズ飯田の開運生活

みんな好きなことをやればいい。
そして、それに一生懸命になればいい。
開運が幸福になることだとするならば、それこそが真髄です。
開運を左右する運気とは、心のリズムのことです。
運気がいいからジャンケンに勝つわけではなく、
運気がいいからクジに当たるわけでもなく、
運気がいいから単純によいことが起こるわけでもありません。
運気は心のリズムであり、運気がよい時こそ、決断するべきなのです。
そもそも、開運とはなんなのか？
まずは、僕自身のことを例にとりながらお伝えします。

目標を持たなくてもいい。流されていても開運はある。

開運や成功術に関する啓発書の類（たぐい）には、「目標を持つ」という言葉が力強く表現されていることが多いようです。目標を持ち、計画を練り、実行し、努力を重ね、達成する。確かに、その時の達成感こそが幸福感とする見方があります。そこには喜びがあり、心も満たされるはずです。

しかし、それは限られた人の幸福感であり開運のイメージでしかなく、そもそも、目標を持つことができる人と持とうとも思わない人がいます。

「目標を持つ」ことが開運（もしくは幸福）の第一歩だと信じると、多くの人は目標を探すばかりでただ迷うだけになってしまいます。

まず、目標は持たなくてもいい。

僕自身、目標を持とうとも思わない人間ですから。僕は、ただ流されて生きているのです。

そもそも占い師になりたくてなったわけではなく、ただ、占い好きなだけで、いろんな人を占っていました。理由は「ただ面白いから」、それだけです。お金が欲しくて占いを始めたものでもないので、紹介があれば本当に無償で、17年以上占いをやってきました。理由は「面白くなくなるから」。占うことが好きなだけで、人の求めにひたすら応じていたら、周囲が「飯田の占いが面白い！」と言ってくれて、いつの間にか占い師と呼ばれるようになっただけです。

お笑い芸人という夢を諦め、何の目的も目標もなくなってしまった時、声をかけてくれる人がたくさんいました。前説だったり、構成作家の仕事だったり、占いだったり……。いろんなことを頼まれました。僕は、それらのことを有り難く感じて、ただ一生懸命応えようとしてきただけです。その恩をどうやって返そうか、今でも日々、それだけを考えています。

もちろん、「自分はこれだ！　自分はこれに向いている！」と目標を立てるのはよいことだと思います。しかし、流されていても真面目に一生懸命やっていればなんとかなるものです。

求められることに素直に応える。自分の居場所が見つかれば、人は心から満足できる。目的や目標はなくても、幸せになることは十分あります。

自分のことがわからなければ、何が幸せなのかもわからない。

「開運」という言葉で、多くの人が連想するのは「お金」でしょう。博打などで予想外のお金が入れば「ツイてる！」と誰もが感じるでしょう。しかし、これは、「運気が良い」ということとはほとんど関係がありません。

世間的にみれば幸せの絶頂であるはずの〝お金持ち〟が、必ずしも心が満たされていなかったりします。〝お金持ち〟の悩みは、お金で解決できないだけに余計にやっかいです。

創作で心が満たされる人もいれば、人間関係で満たされる人もいます。セックスで心が満たされる人もいれば、地位で満たされる人もいます。

人の幸福感とは、人それぞれなのです。目標がなくても好きなことをしていれば、心は満たされます。自分が好きなことの中に開運への糸口が隠されています。

「さて、自分はいったい何が好きなのか？」

それさえ実感できない時もあるでしょう。そんな時は、自分を知ることからはじめてください。自分を知ることは、開運のチャンスを本質的に活かすことになります。

占いは、自分を知るためのひとつのツールでもあります。たとえ「当たらない」と感じたとしても、自分を再認識するきっかけを与えられます。例えば、頑固な人ほど、占いで「頑固者」と指摘すると、「頑固じゃない」と頑固に力強く否定してきます。そして、それをさらに指摘すると、「そういえば、少し頑固かもしれない」と自己分析しはじめるのです。

「目標がない」「好きなことがない」「自分のことがわからない」。本書は、まさにそんな方々に読み進めて頂きたいと思っています。

ないことだらけでも、とにかく行動することです。この本を読むのでもいい。何でもいい。散歩でもいい。少しでも多くのシーンの中に身を置くことが大切です。

そして、本書の中で、できそうなことだけ実践してみてください。「無理」「難しい」と思い込む前に実践する。少しだけ何かが変わるはずです。

良い運気とは、決断の時。そのタイミングを摑むことが大切。

「占いで運気がいい時期のはずなのによいことが起きない！」と嘆く人がいます。幸運の天井の高さは、日々の努力で決まってきます。何の努力もしない人には何の幸運も来ないということを理解してください。

では、運気がいいとは何のことか？

それは、決断する時期です。引っ越しをする、転職をする、習い事をはじめる、買い物をする、家を買う、など、自分の人生を決めるタイミングのいい時期が運気のいい時期なのです。その時期に決断して何かを始めれば時間をかけて良い方向に進んでいきます。

自然にそのタイミングを摑み良い決断ができるようになることこそが、開運そのものです。

運気が良いからと言って単純に良い事が起きるばかりじゃない、運がいいからこその「不運と感じる」こともあります。それは、そこから何かを学べるという幸運でもあります。

運気がよいなら動けばいい。

運気がよいなら決断をすればいい。

運気がよいならはじめればいい。

誰にでも、開運のチャンスは巡ってきます。あせらずに、まずは、その時を迎えるための準備が大切。幸運はそれを心待ちにしている人にやって来るものだから。

ゲッターズ飯田の

第二章

開運3カ条

一、**背筋**を伸ばす

二、**チョコレート**を食べる

三、**白いシャツ**を着る

開運のために何をすべきか？

簡単に言うと、「苦労を苦労と思わない」。これが開運の最大の近道かもしれません。面倒なこと、不慣れなこと、苦手なことに直面することは誰だってあります。ただ、それを苦労と感じず、試練と受け取り**楽しそうに学ぶ人**もいます。「苦労なんてしたことない」と言えるような人になればいいのです。

どうすべきかを理解することができたとしても、それを心に刻むのが難しい。ちょっとしたハプニングでも動揺や混乱によって心の中から消し去ってしまいがちですから。想いを心の中に留めるのは簡単なことではありません。そこで、**開運のための第一歩**として、誰でも簡単に実行できる3つのことをまずお伝えしました。「背筋を伸ばす」「チョコレートを食べる」「白いシャツを着る」ただそれだけで、運気は確実に上昇する。運気が少しでも上がったことがわかれば、運気のことを意識しはじめます。

一・背筋を伸ばす

背筋を伸ばし姿勢を正している人は、堂々としていて頼もしく感じます。また、全体を見渡すことができるようになるので、無駄な緊張感から解放され心が静まります。

普段、姿勢が崩れてしまっていても**一日一回**だけでもいいので背筋を伸ばして姿勢を正してみてください。心が少し軽くなった感じがしませんか？　気分をポジティブに変化させる動作をクセにしましょう。「肩をまわす」「深呼吸をする」などでもいいです。気分がよくなるということは、運気がよくなるということでもあります。他者からみても自分自身も好調に感じる**ラッキーアクション**のひとつです。気持ちが落ち込んだら背筋を伸ばして。あなたは、この世の主人公です。胸を張って、自信を持って好きなことを実行しましょう。背筋を伸ばして、痛みが起きる人は無理をせず、すぐに病院に相談へ行ってください。

二. **チョコレート**を食べる

多くの人を占ってきて、成功者や運の強い人の共通点がいくつかわかってきました。そのなかで最も顕著なのが、「チョコレート好きが多い」ということです。カカオに含まれるポリフェノールの抗酸化作用やテオブロミンという成分による神経の鎮静作用、さらに植物繊維が豊富でミネラルバランスがいいということで、健康維持に有効な食物として注目されています。それが関係しているかどうかはわかりませんが、チョコレートを食べると、簡単に**運気をアップ**させてくれることは間違いないです。食べると少し気持ちも和らぎますし。

強運の持ち主の多くは、「思ったことを言う」「気分が顔に出る」「面白い」「潔い」などという共通点がありますが、なかなか身につくことではありません。でも、チョコレートを食べるぐらいなら**誰でもできる**ので是非試してみてください。ただし、食べすぎにはご注意を！

三. **白いシャツ**を着る

第一印象は3〜7秒ほどで決まり、悪い印象を覆すためには何時間も要するようです。しかし、その相手が「好ましい」と感じるイメージを考察するのは難しい。ただ、**清潔な印象**に嫌悪感を抱く人は少ないと思います。爪は伸びていないか？　鼻毛は伸びていないか？　とりあえず清潔であることを心掛けましょう。

日本人が最も**清潔感を感じる**色は白です。「潔白」という言葉があるように、白は清潔で汚れのないイメージを抱かせます。ある企業で営業担当の社員のワイシャツを白に限定したら、わずかながら売上がアップしたという話しもあります。白いシャツを着ることによって、信頼感が少しだけアップするようです。

とくに、お願い・お詫び・お礼で人と会うときは、襟つきの白いシャツを着ることをおすすめします。白いシャツは、運気向上にとって重要な「清潔感」と「信頼感」を象徴するアイテムです。

運気コラム1

運気の周期とは何か？

すべての人の運気は、法則に基づいています。運気には、天、空、地という3つの流れがあり、それぞれが9年、10年、12年、27年という周期で回っています。

この周期の他に、38年、60年、108年、120年、144年という大きな周期もあり、いろいろな周期がぐるぐると回っています。人それぞれ、その回り方に個性が出ます。それがどのように動くかを予測するのが占いなのです。

どんな人も一度は、他者と何度か同じ運気を通ります。ただ、ベースの性格や行動パターンが違うから経験することや見ることが違ってくるのです。例えば、ある人は刺激を求め、ある人は人を求め、ある人はお金を求めます。ですから、同じところを通っても世界はまったく違うように見えてしまうのです。ちょうど、同じホテルでも泊まる部屋によって景色が違うように見えるのと同じことです。1階から見る風景と最上階から見る風景ではまったく違いますよね。そういうことです。

『五星三心占い』で考えると人間は最長で120歳しか生きられないことになっています。その間に、巡ってくる運気を知ることが大切なのです。

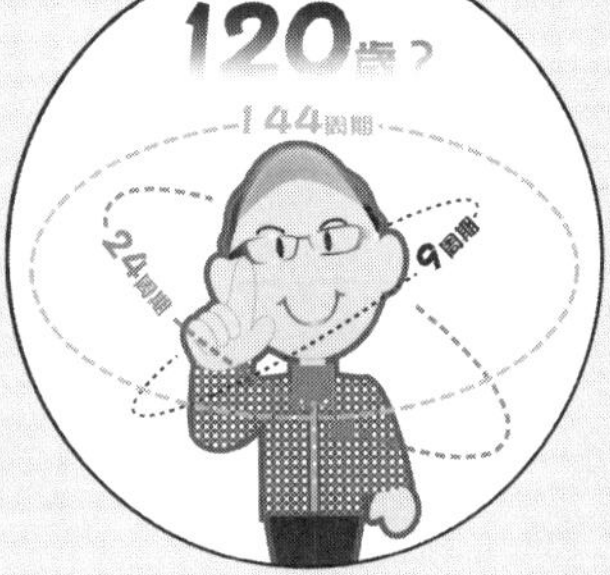

ゲッターズ飯田の

第三章 強運の法則40

まず、ここで扱う強運について定義する必要があります。

ここで言う強運とは、

あぶく銭が転がり込んでくるようなことではありません。

もちろん、運気がよいときにそういうことが起きるのも珍しくないですが。

生きていくなかでは、よいことも悪いこともあります。

よいことは悪いことに繋がり、

悪いことはよいことの種だとわかることもあります。

どんなことにも動じない心を持つ。それこそが強運です。

ここに書いたようなことは、

常日頃、ブログやツイッターでお伝えしています。

よかったらそちらものぞいてみてください。

法則01

「学ぶ心」で**幸運を引き寄せる**術

僕は、占いで不運なことが起こるとわかっても、あえて相手に教えないことがあります。不運をさけてばかりでは、人は強くなりません。大切なのは、**不運から何を学びとるか**です。不運を嘆いても他者を責めても好転することはありません。「不運」を感じたときこそ、「学ぶ心」を発揮して突き進んでもらいたいと思います。

法則02

「大切な人」を大切にすると人生が楽しくなる

「お金持ちになれば幸せになれると思っていました。でもそれは間違っていた……」と嘆く相談者は多い。悩みや不安は、姿や形を変えてやってきます。傍から見て幸せそうなのに、心が満たされていないのはなぜか？ それは、「大切な人」を大切にすることを忘れてしまっているからです。**大切な人と楽しく過ごす**ことを心掛けましょう。

法則03

「おかげさまで」と**素直**に言える人は幸福になる

感謝がない人に何を伝えても伝わりません。感謝がない人は何をやっても続きません。感謝がない人は何をやっても成功しません。どんなことがあっても、「おかげさまで」と言える人は、すでに幸運を摑んでいます。**感謝を伝える**方法はいろいろありますが、まずははっきりと言葉で表現しましょう。読んで頂いて、ありがとうございます。

法則04

「楽しもう」と思う心が人生を変えていく

「もう嫌だ」そう思ったらいろいろなことが次々と嫌になってきます。文句を言ったり、愚痴をこぼすのはしょうがないでしょう。しかし、そこから抜け出せれば達成感を呼び、自分の力と自信になります。苦難を乗り越えることにやりがいを感じ「楽しもう」という**軽い気持ちが大切**。それに共感する仲間ができれば、なお楽しいです。

法則05

決断力なくして開運はなし。不運も招くが強くなれる！

人生には、闇や分岐点があります。それは、「運がよい悪い」などということよりも重要です。闇に突入する直前と分岐点での判断が大切です。将来がかなり変わりますから。流れを読んで何を決断するかによって、**闇をトンネルにする**こともできます。決める時は決める。流される時は流される。決断できる人が運のいい人なのかもしれません。

法則06

人を認めることができる人間が、人から認められる

「人に認められる」ということは、大切な事ですが、認められたいならまずは、他人を認めること、他人を褒めること、他人の才能を認めること、他人の才能を見つけてあげる事が重要。凄い人、デキる人、面白い人、カッコいい人……**何でもいいので**認めてあげてください。その人があなたの事を認めてくれるようになります。

法則07

本気が出せる何かが見つかれば運は開かれる

がんばらなくていいし、無理しなくてもいいから本気になりましょう。恋や仕事や勉強や人間関係や何でもいいのです。**一生にひとつ**くらい「自分はこれに本気になれた」ということがあるだけで人生は楽しくなります。本気でやれば、本気の仲間も集まって、本気で人生に取り組めます。まずは、本気が出せる何かを発見しましょう。

法則08

「自分は何が好きなのか?」を**再認識**する

自分の好きな物や好きな事を再認識することによって、周囲の人もあなたを扱いやすくなります。たまに、「あの人、何が好きだったっけ?」とプレゼントなどに困る人がいますよね。何が好きなのかを対外的にもはっきりさせておけば、思い出してもらえる機会や**同好の仲間**も増えてきます。好きな物事がはっきりすれば自然と運が開けてきます。

法則09
自分の**3年、5年、10年先**を想像する

まずは、3年先の自分の幸せな未来をできるだけ具体的に想像してください。そして、いまの自分の状態を振り返りましょう。**未来の自分**からいまの自分に何かアドバイスがあるはずです。さらに、5年先、10年先と続けてみます。幸せな未来を想像して、そこから現在を振り返るといまの自分のすべきことが見えてきます。

法則10
動けば運も**筋肉**みたいについてくる

動かない人には、運は向いてきません。動きさえすれば、心配しなくても運は必ず向いてきます。身体を動かすと運気も鍛えられます。動けば、運も筋肉みたいについてくるのです。動けば、よいことも起これば悪いことも起こります。そして、運というものを学習します。**動き出すこと**は、開運のためのはじめの一歩です。

法則11

出会った人の褒められる部分を**10個**探す

人のよい部分を探して褒めることができる人は、必ず幸運を摑むことができます。人の欠点や弱点ばかり探して、批判ばかりしている人は成長しません。出会った人の褒められるところを探す癖をつけましょう。まずは、10個ほど見つけてみてください。そうすれば、その人に対して好意的に接することができて**交流が深まる**ことでしょう。

法則12

「たまに」は、幸福感を呼び込む

「たまに」はおしゃれをしたり、「たまに」は旅行に出かけたり、「たまに」はイメチェンしたり、「たまに」はカッコつけたり、「たまに」はダサいこともしたり。「たまに」をすると、**気分が変わる**し、新しい出会いもあるかもしれません。生活に飽きたら、「たまには○○してみるか」と気軽な気持ちで行動してみましょう。

法則13

お祭りやお祝いごとは、**積極的**に楽しむ

春は春らしく、夏は夏らしく、秋は秋らしく、冬は冬らしく、季節にあったことをするのはとてもよいことです。正月、節分、バレンタイン、ひな祭り、お花見などなど、日本にはいろいろな**祝いごと**があります。お祭りやお祝いごとをしっかりやっている人は、幸せそうに見えます。行事やイベントは、面倒くさがらずに楽しみましょう。

法則14

ただ**普通の会話**をするだけで運気はアップする

人間の会話の6割が、愚痴や不満、文句や悪口です。誰かに、このようなネガティブな発言をすることで、少しはストレスの解消になるでしょう。しかし、聞いているほうはあまりよい気持ちはしません。ネガティブな発言を受けても、それに同調せずに**残り4割**の普通の会話を心掛けてください。会話をすることがもっと楽しくなります。

法則15

不運は**小まめ**に消化しておくといい

小さな不運も先送りしていると大きな不運に育ってしまうことがあります。「嫌なこと」「イライラすること」「不運だと思うこと」「面倒なこと」などは、すべて**不運を消化**するチャンスです。不運はマメに消化しておけば、大きな不運を招きにくくなります。生きていれば、大なり小なり不運に見舞われることもあります。不運も慣れればそれは日常ですから。

法則16

〝**聞き上手**〟が一番得をする

どんな苦労をしたのか、どんな面白いことがあったのか、何が好きなのか、愚痴や不満でも何でも聞きだすといい。笑ったりリアクションをしたりして**相手を元気**にさせられれば、どんどん人気が上がってきます。自分の話ばかりしないで、聞き役に慣れればいい。上手な聞き役になれれば、人生はもっと楽に進んだり得なほうに進みます。

法則17

コミュニケーション能力と運気は比例する

人が抱える悩みの多くは対人関係です。誰とでも仲よくしていればほとんどの悩みはなくなります。つまり、コミュニケーション能力が高い人ほど悩みが少なく運がいいということです。それは、**ちょっとした心掛け**と努力によって、誰にでも手に入れられる能力なのです。多くの人と仲よくすれば、それに比例して運気も上がります。

法則18

自分の**嫌な部分**も才能と考える

妬む自分、愚痴る自分、嫌な事ばかり考える自分……などといった自分の裏側に注目してください。自分の陰や**自分の裏側**に一度注目して嫌な部分を冷静に見て、「さてこれには何の意味があるんだろ」「これをどうやって活かそう」と考えてみることが大事です。あなたのマイナス面も立派な才能かもしれませんから。

法則19

「迷う」ときに**開運の扉**が開かれる

「米」に「辶」(すすむ)で「迷」という字になります。食べるということ、生きるということは迷うことで、**迷うということは生きること**だから迷ってもいいのです。迷うことは負けではありません。それは生きるということそのものなのです。迷ったり遠回りした分、他の人が見えない何かが見えるはずです。それがその人の財産になります。

法則20

旅に出て幸せの種類を知る

自分が運のない人間だと感じたら、少しでも視野を広げる努力をしましょう。そのひとつとして、旅に出ることをおすすめします。旅から学ぶことは沢山あります。旅に出れば嫌でも多くの人と接することになります。人と触れ合うことこそが**開運の近道**です。世界の広さを知ることは、幸せの種類を知ることでもあります。

法則21

自分のことばかりではなく**人のこと**を考える

人は、自分のことばかり考えている人を好きではありません。人は、他人のことを考えてくれる人を好きになります。人は、他人の責任を背負える人をもっと好きになります。人は、苦しい時ほど自分のことばかり考えてしまうものです。しかし、そんな時こそ人を**思いやる気持ち**を持つと自分の苦悩からも解放されます。

法則22

人の優しさに敏感になる

幸運な人は、人の優しさに敏感です。人からの優しさを感じ取り幸せに感じて、**感謝の念**を持ちます。感謝の念は、開運のための大きな鍵です。人の優しさに敏感に生きるか、人の優しさに鈍感に生きるか。ただそれだけで幸福度は違ってきます。他者が与えてくれるちょっとした優しさに敏感になるだけでも幸せになれます。

法則
23

「人生に負けはない」と心得る

自分の夢が破れたとしても、目標を達成できなかったとしても、人生に負けたわけではありません。そこで、悲嘆にくれて思考も行動も止めてしまうことこそが問題です。また違う道で、また他のレースで頑張ればいい。破れた悔しさと負けた思いは、必ず**その時に役立つ**ものですから。何かに負けたからといって、人生の負けではありません。

法則
24

「ダメだ」「無理だ」と思い込まない

子供の頃に「ダメ」「無理」を言われすぎて、自分は何をやっても「ダメ」で「無理」だと思い込んでいる人が多いように思います。子供の頃に刷り込まれた記憶を捨てましょう。行動も実行もしていないのに「ダメだ」「無理だ」と思い込まないでください。**やってみないと分からない**ことはいっぱいあります。とにかく何でもやってみるといい。

法則25

よいことが起きた時に**買い物**をする

買い物は、「告白された」「仕事でよい結果が出た」「嬉しい知らせがあった」など、**何かよいこと**が起きた時にしたほうがいい。その時の喜びが、服や物とともに記憶されますから。人は思い出を糧に生きています。思い出を積み重ねて経験し、そこから学んだことを活かして前に進みます。よい思い出を蓄積してパワーにしましょう。

法則26

よいタイミングを知る努力をする

タイミングのよい時の出来事や思いは、必ずよい方向に進みます。占いは、そのタイミングを示すことができるツールのひとつですが、運のいい人というのは自然とその時機を選んでいます。運がよくなれば、誰でもベストの時を**自然と選べる**ようになります。開運とは、そういうことです。つまり、そのタイミングを知る努力をすればいいだけです。

法則27

とりあえず、**一歩でも前に**進む

人生は、「つまらない」とか「面白くない」とか、自分勝手に思っていても何も始まりません。最初は面白くなくても段々面白くなったり、気がついたらハマっていたなんてことは何度もあるはずです。一歩を踏み出す**勇気と決断**。人生はそれだけで大きく変わります。いきなりガラリとは変わりませんが、踏み出した時に確実に開運に向かうのです。

法則28

不運で**幸福を確認**する

当たり前ほどいいことはありません。日々普通でいられることが一番の幸せです。ほとんどの人は毎日運が良くて毎日幸福なのです。しかし、その幸せの価値になかなか気づきません。だから、不幸や不運が訪れて、**平凡な幸せ**に気づかせてくれるのです。その事を忘れずに日々幸せを感じながら、生活できる人の運は開けています。

法則29

自分のために**時間**を割いてくれる人を大切にする

「命とは何ですか？」という質問に、ある人が「命とは自分に与えられた時間です」と答えました。つまり、他者が自分のために時間を使ってくれているということは、命を削ってくれているということです。自分のために時間を割いてくれる人を不愉快にさせてはいけません。その人は、あなたに**チャンスを与えてくれる人**ですから。

法則30

人のために時間を費やす

人のために時間を費やすと視野が広がります。〝助ける気持ち〟によって、自分の苦悩も忘れさせてくれます。くよくよと自分のことばかり考えていないで、人を喜ばすことを考えて行動してみてください。自分の周りにいる人は、**自分を映し出す鏡**なのですから。素敵な人の周りには素敵な人が、身勝手な人の周りには身勝手な人が集まるものです。

法則31

愛のある言葉を口にする

日々、笑顔で過ごしたいなら、愛のある言葉を多く口にすればいい。他人に優しい言葉をかけることで自然と**笑顔が生まれます**。自分のことばかり考えているから、愚痴や不満が言葉になって出ます。他人に期待しすぎないで、他人のことを思いやって会話をすればいいだけです。愛ある言葉を口にすれば、笑顔になって、自然と素敵な人が集まってきます。

法則32

友達にこだわらず**知り合いの輪**を広げる

友達の数を自慢する人に魅力的な人物を見かけません。そもそも何をもって友達と呼ぶのか定かではありませんが。お互いが〝友達〟として認識していることは少ないと思います。つまり、**ほとんどが思い込み**ということになります。友達を意識しすぎて、友達の意思に左右されることが一番危険です。まずは、知り合いの輪を広げましょう。

法則33

仕事と遊びの**メリハリ**をつける

仕事は仕事、遊びは遊び。もちろん、仕事も遊びも、楽しむことが基本ですが、**取り組み方**ははっきりと変えるべきです。仕事は、一定の緊張感をもって取り組むべきだし、遊びは、解放感のなかで取り組むべきです。肉体も生活も、緊張と弛緩のメリハリをつけると安定してきます。力を入れたら、今度は上手に力を抜くことを考えましょう。

法則34

〝**憧れの人**〟のマネをする

仕事でも遊びでも、憧れの人のマネをすることが上達の近道です。憧れの人が培った能力をマネることによって習得していきます。道具をマネる、愛読書をマネる、考え方をマネる……、徹底的にマネることで自然と**技術が備わってくる**ものです。〝憧れ〟という気持ちは、幸福感そのものですし。まずは、「あの人のように……」と誰かに憧れてください。

法則35

差別や区別はしない

「自分の生き方だけが正しい」と思い込んでいる人は、幸運から遠いところにいます。人の考え方や生き方は、その人のものであり善も悪もなく正解も不正解もありません。まず、**無条件に尊重する**必要があります。そのうえで、自分のスタンスを選べばいいだけです。出生や生き方が批難されて、理不尽な差別を受けている自分を想像してみてください。

法則36

孤独を恐れない

孤独は、人を痛めることもあります。孤独を恐れるあまり、人のプライベートに激しく干渉してしまう人がいます。不自然に、集団に取り込まれていく人もいます。孤独を感じたときは、**自分を見つめ直す**ときです。孤独は、好きなことを見つけるチャンスです。ひとりでいることも好きになればいい。孤独な自分も楽しみましょう。

法則37

人の集まりに**参加する**

孤独は必ずしも不幸ではありませんが、ただそれに浸っているだけでは開運のチャンスは巡ってきません。そもそも、**人の集まり**に入ることができないから孤独になります。やがて参加しようとも考えなくなるわけです。大きな期待をせずに、まずは人の集まりに参加することからはじめましょう。楽しくなければ、離れればいいのですから。

法則38

一日一回、〝ポジティブ〟を発する

これまで会ってきた人の中には、「路頭に迷って悩んでいる」と聞くと、「切磋琢磨してるね～」とか、「失業した」と聞くと「今から世界中の会社に入れる権利を手に入れたね」とか、**驚くほどポジティブ**な発言や発想をする人がいます。そういう人は人気もあるし楽しそうです。一日一回でもいいから〝ポジティブ〟を発する訓練をしましょう。

法則39

失敗をする

失敗をすることは、不運なことではありません。失敗のない成功はありえませんから。失敗から**何も学ぼうとしないこと**が不幸なのです。何でもマイナスに受け止める人に、幸運な人はいません。占いで何を伝えても「ダメですよね」「ダメじゃないですか」と口癖のように言う人がいます。何もしないでダメと決めつけることが一番いけません。

法則40

「まあいいや」と言ってみる

生きていれば誰だって、いろんな苦難に出遭います。しかし、どんなことがあっても100%シリアスにならず、心のどこかで「まあいいや」という感覚を残しておいてください。「まあいいや」「なんとかなるさ」などは、口にするだけでなんとなく楽になれて**運気が上がる言葉**です。「でも」「だって」は運気の下がる言葉です。言葉遣いにも気をつけましょう。

運気コラム２

自分の運気を知る方法

基本的に、自分の運気を知る必要はありません。運気が良くなるように行動していれば、自然と良い方向に導かれるからです。そのために、今回、この本を作りました。

人は、振り子運動のような行動をします。例えば、まじめな人がずっとまじめにしていると、突然ふざけたくなる。ふざけるとまじめに戻ろうとする。遊び好きの人が、刺激刺激を求めると、ちょっと頑張ろうと思ったりもする。つきつめてみたけれど、急に飽きてポイと投げる。そんなことが、よく起こります。このような行動パターンの変化でも運気の流れを知ることができます。もちろん、占いでは、その振り子がパンといく瞬間のリズムがわかります。

僕が企画プロデュースした『ゲッターズ飯田の開運ウォッチ』（タカラトミーアーツ）は、生年月日を入力するだけで、50秒ごとに運気の流れを知らせてくれます。これを使えば、僕が占うまでもなく過去・現在・未来と自分の運気を掴むことができるのです。この本と合わせて使ってもらうと、開運術はより万全になるでしょう。また、iPhoneアプリの『激運カレンダー』http://bit.ly/vdVoY2も参考にしてください。

ゲッターズ飯田の

第四章 運気のよくなる逸話

占いを通して、日々いろんな人と話をしていると、
運のいい人は、
運がよくなるように生きているということがわかります。
成功者の多くは、「自分は運がいい」と確信しているようです。
しかし、そこにはちゃんとしたプロセスがあるのです。
時には、奇跡のような話を聞くこともあります。
〝運がいい〟ということはどういうことなのか？
ここでは、ある社長さんが体験した実話をお伝えします。
よい言葉やよい話を知ると運気が上がりますので。

起業を夢見る貧乏学生の苦難

「運がいい」は、自分で作れます。日々の生き方で、運は変わってくるもの。ある会社の社長さんと出会って、聞かせていただいた話です。

その社長さんは、よく「自分は運がいいからね」といろんな話をしてくれます。

ある時、学生時代の話をしてくれました。

「貧乏学生で、親もお金がなかったから大学にはほとんど行かないでバイトばかりやっていましたよ。いつか起業しようと思って、バイトのお金は空き缶に詰めて貯めていました」

社長さんは、ボロいアパートに住んで朝の新聞配達から始まり、皿洗いや夜の仕事など、いろいろバイトをやっていました。毎朝、挨拶を交わす大家のおばあさんに元気に挨拶をして、将来の夢を熱く語ったりする希望に満ちた青年でした。

しかし、ある日のこと、家に帰るとアパートの周辺に人だかりができていました。すぐに、嫌な気配がしたそうです。そのアパートは火事で全焼していました。すべての物が燃えてなくなってしまい、呆然とするしかありません。もちろん、これまで貯めていたアルバイトのお金も燃えてなくなってしまいました。

「なんて自分は運がないんだろう」

社長さんは、そう思って落胆し涙を流したと言います。火事は、老朽化と漏電が原因だったらしいので、気持ちのやり場もありません。

「運がいい」と信じることが成功へと繋がる

数日後、大家さんが訪ねてきました。

「真っ黒に焦げた空き缶の中に、数万円が焼け残っていたよ」と大家のおばあさんが持ってきてくれたのです。

「なんてツイているんだ！」

その時、社長の考えは一変したようです。

「それからは、〝自分はなんて、運がいい〟と思うようになったんですよ」

社長は、火事になってもお金は戻ってきたので「自分は運がいい！」と確信して、起業するためにさらに一生懸命バイトをしました。

そして、運の良さを味方につけて、努力を重ねて起業し成功を収めたのです。

「飯田君も〝運がいい！〟と思った方がいいですよ。運は、〝運がいい〟と言うと味方してくれるから！」

社長さんのその言葉がとても印象的でした。

「運がいい！」と確信し、運を味方につけるということ。まさに、この本に相応しい開運のエピソードです。

運が良くなるように生きていくということ

しかし、話はそれだけでは終わりません。この話には続きがあります。


ある日、会社の秘書の採用面接で、とても笑顔が素敵で上品な女性が来ました。その女性の履歴書を見ると学生時代に住んでいたアパートに近かったのです。

そこで、僕にしてくれたように「……火事になったけれど、焼け跡から空き缶に入ったお金は出てきた。私は、運がいいですよ」と話したそうです。

すると、その女性は、

「もう他界した祖母から聞いた話に非常によく似ています。昔、祖母がアパートの大家をしていた頃、勉強もしないでアルバイトばかりしているけど、とても素敵な学生さんが住んでいたということです。毎朝、笑顔で元気よく挨拶をして、将来は起業すると夢を語っていたそうです。しかし、ある日、そのアパートが全焼しまい、学生さんが空き缶に貯めていたお金も失ってしまったと聞きました。祖母は、落ち込んでいる学生さんを見かねて、焼け跡からそれらしき空き缶を見つけて、自分のお金に煤を付けて渡したと言っていました」

その女性は、おばあさんの孫だったのです。その学生さんは毎朝元気よく挨拶をしてくれて、とても素敵な子だったから助けてあげたんだよ。あんなによい子じゃなかったらそんなことはしなかった」と、よくその女性に言い聞かせていたそうです。

社長は、単純に火事の中からお金が出てきたから「自分は運がいい」と思っていたのに、実はおばあさんに助けられていたのです。

それは、ただ「運がいい」ということではなく、社長が元気に挨拶をして素直に生きていたからこそ起きました。自分で運がよくなるように生きていたということです。結果的に、運を呼び込むように生きていたのです。

挨拶と元気と笑顔、そして出会いを大切に

「ただ挨拶していただけなのに。なんてありがたいことなんだろう」

社長は、〝運がいいと思う〟ことよりも大切なことを改めて感じ取りました。幸運は自分で作り出せるということです。

運がいい人は、運がよくなるように生きているのです。

その基本となるのは、

一、挨拶をしっかりする。

二、いつも元気よく。

三、笑顔を忘れない。

これもまた、開運の大切な三ヵ条です。

それにしても、自分が所有するアパートが全焼したのに、赤の他人にお金を無償で施すことのできるおばあさんの慈悲深さに驚かされます。おばあさんの厚意が、多くの幸運をいまも繋いでいるのです。

そんな素晴らしい人との出会いがあったことは、やはり〝運がいい〟ということになるのでしょうが……。

〝出会い〟にこそ、開運が潜んでいます。

五星三心占いによる

第五章 12タイプの3ヵ条

開運とは、決断のタイミングを掴むことです。
その絶好のタイミングを知るためには、
まず〝自分を知ること〟が第一歩となります。
自分は何者なのか？　自分の幸せとはどこにあるのか？
何を尊び何を幸福とするかは、人それぞれ違います。
お金よりも人との繋がりに
幸福を感じる人も珍しくありません。
ここでは、より自分にあった開運方法を
五星三心占いに基づいて、3ヵ条にしてお伝えします。
P91からの『五星三心占い　早見表』で
自分の数字を探し出して、
12タイプの中に当てはめて読み進めていってください。

P91〜126の『五星三心占い　早見表』で占いたい人の生年月日から1〜60の数字を割り出します。その数字が1〜10で生まれ年の西暦が奇数の人はP44〜45へ、1〜10で生まれ年の西暦が偶数の人はP46〜47へ、11〜20で生まれ年の西暦が奇数の人はP48〜49へ、11〜20で生まれ年の西暦が偶数の人はP50〜51へ、21〜30で生まれ年の西暦が奇数の人はP52〜53へ、21〜30で生まれ年の西暦が偶数の人はP54〜55、31〜40で生まれ年の西暦が奇数の人はP56〜57へ、31〜40で生まれ年の西暦が偶数の人はP58〜59へ、41〜50で生まれ年の西暦が奇数の人はP60〜61へ、41〜50で生まれ年の西暦が偶数の人はP62〜63へ、51〜60で生まれ年の西暦が奇数の人はP64〜65へ、51〜60で生まれ年の西暦が偶数の人はP66〜67へ、読み進めてください。12タイプ別に開運のための３ヵ条が示されています。

1〜10
生まれ年の
西暦が奇数

銀の羅針盤

ひとりよがりの完璧主義にならない

ダンスに限らず、カラオケでも良いのでたまにはパーっと騒いでみると良いでしょう。好きなアーティストのライブに行ってみるのもよいです。いろいろな音楽を聴く事が開運への近道です。

何事も真面目に考え過ぎてしまう癖があり、自分でも思った以上に堅苦しくなりやすいでしょう。何事もどこか楽観的に「まあいいか」と流せるようになると自然と運が味方してくれるでしょう。

他人に気を使い過ぎてしまったり、相手に合わせ過ぎてしまい、勝手に疲れてしまうタイプ。「人は人、自分は自分」と自信を持って生きることをテーマにすると開運になるでしょう。

開運3ヵ条

一、ダンスを踊る

二、「まあいいか」を口癖に

三、「人は人、自分は自分」

あなたの本性

真面目で礼儀正しくしっかり者ですが、すべてに受け身なところがあります。そのため、人との交流に煩わしさを感じてしまいがちです。完璧主義ゆえにひとりよがりになることがあり、他者を馬鹿にしたような態度をとることがあります。人を楽しませることを心掛けてください。人間関係を大切にすることが開運に繋がっていきます。ちょっとしたことで気に病む傾向にあるので、「まあいいや」を口癖にしてください。出会った人によいフィーリングを感じたら、積極的に連絡をとってみましょう。発想をカタチにすることも大切です。

恋愛開運3ヵ条

一、気楽に異性を誘ってみて

二、運命の出会いを信じ込まないでください

三、昔の恋愛は勉強

1〜10
生まれ年の
西暦が偶数

金の羅針盤

だれにでも尊敬の念を持って接すること

「好きなことより嫌いなことのほうが多い」と感じていませんか。それが不運の原因です。好きなことが増えれば幸せも増えます。好きな香りを見つけて、まず「好き」という感覚を養うためのレッスンです。

普段、「誰かに誘われて」どこかに出かけることが多くありませんか？　誘われることは喜ばしいことなので、こちらからも誘って相手を喜ばせてあげましょう。よい交友は、誘って誘われて育まれていきます。

人間は、言葉に縛られてしまうことがよくあります。「ダメな奴」と言われ続けていると本当にダメになってしまうように。苦難も言葉によって導かれます。何が起きても「まあいいや」と言う余裕を大切にしてください。

開運3ヵ条

一、好きなアロマを嗅ぐ

二、自分から遊びに誘う

三、「まあいいや」と言う

あなたの本性

真面目で正義感の強いタイプです。行動力と決断力には優れていますが、好きなこと以外には全く目を向けないところがあり、人付き合いが苦手でしょう。何事もネガティブに捉えてしまったり、マイナスな発言が増えてしまうことも。アイデアを生み出す才能があり、人間関係を上手にすることで認められチャンスを摑むこともできるでしょう。まず、自分が正しいと思い込まないで、楽観的に物事を考え、ときには周囲に弱音を吐いてもいいでしょう。交友の秘訣は、なるべく聞き役になること。自ら遊びに誘うように努めると良いです。人の集まる場所に出向いて、たくさん対話をしましょう。コミュニケーションで開運が始まります。

恋愛開運3ヵ条

一、知り合いや友人からの紹介を大切に

二、気楽に異性を誘ってみる

三、相手の話は笑顔で楽しそうに聞くこと

11〜20
生まれ年の
西暦が奇数

銀のインディアン

知り合いをたくさん作りましょう

妄想や空想ばかりしているなら、思い切って行動すればいい。見知らぬ土地でもやっていけるタイプ。友人や親族に縛られていて本来の運が味方をしないでしょう。思い切って生きる場所を変えてみましょう。

開運3ヵ条

一、まずは行動をする

二、何となく続ける

三、「言ってない」と口にしない

もともと熱いハートを持っているので、すぐに何かに夢中になれます。しかし、目標を大きく持ちすぎて、心が折れてしまうこともしばしばです。好きなことほど、「何となく続ける」という楽な気持ちで向き合ってください。

人間関係の災いの多くは、「言った」「言ってない」ではじまります。「言った言わない」を主張し合うのではなく、ともに問題の解決法を考えましょう。証明できないことで争うより、対策を練ることに時間を費やしましょう。

あなたの本性

「人は人、自分は自分」とかなりマイペースな人、行動範囲を広げることで不思議なほど知り合いが増え、周囲が驚くような情報を手にすることもできるでしょう。好奇心がある分、飽きっぽくもなってしまい、一つのことが長続きしない場合がありますが、社会に出てから能力が開花するので、学校で学んだことよりも社会で出会った人や学んだことを大切にしましょう。心が中学2年生くらいで止まったままの無邪気な感じがあり、そのため臆病になってしまうことがありますが、本音の図々しい部分を活かして、人の懐に入ることができると魅力が更にアップするので、困った時は素直に助けを求めてみるのもよいでしょう。

恋愛開運3カ条

一、束縛しない人が必ずしもいい人ではない

二、異性の友達を作り大切にしましょう

三、妄想恋愛だけで終わらせないように

11〜20
生まれ年の
西暦が偶数

金のインディアン

投げ出す前にもう一粘り

自分を知るために一番いいのは、人と多く接することです。対面する人は、自分を映し出す鏡ですから。なるべく多くの人と出会い、特に人の言葉に注意深く耳を傾けてください。そこに開運のヒントが隠されています。

人の話を最後まで聞けない人は、多くいます。人の言葉を遮って、自分の主張だけを通そうとするのは愚の骨頂です。聞いているふりだけで、適当に反応してもいけません。話をしっかり聞いてくれる人は、親しみ深く感じます。

困った時は素直に「困った」と言えば周囲に助けてもらえるもの。水くさいと言われる前に助けを求めたり、白旗を上げたりしましょう。感謝や恩は後に返せばよいこと、お互いさまだということを忘れぬように。

開運3ヵ条

一、人に会う
二、話は最後まで聞く
三、助けを求める

あなたの本性

楽観主義のマイペース。好奇心旺盛で、前向きに物事をとらえられるタイプでしょう。情報収集が好きで、誰よりも早く流行を摑んだり、新しいことが好きな人。ただ、早すぎる分、投げ出してしまうことも多いでしょう。語ることが大好きで、やや忘れっぽいところがあるため、答えの出ない話を何度でも繰り返し話してしまいがちですが、持ち前の愛嬌で多くの人に好かれるでしょう。一方で人と深く接するのは面倒と思ってしまうので、誰とでもある程度の距離を取ることが多く、自然と親友よりも知り合い程度の付き合いが多くなりそう。幅広い交友関係が開運のカギとなるので、知り合いの輪を広げる努力を続けましょう。

恋愛開運3カ条

一、余計な一言には気を付けて！

二、お酒の席でよい恋愛は生まれない

三、相手の話は笑顔で楽しそうに聞くこと

21〜30
生まれ年の
西暦が奇数

銀の鳳凰

幸せを「これだ」と決めつけない

基本的に口下手なタイプ。言葉をできるだけ丁寧に伝えることに努めるとよいでしょう。伝わらないからといって、身勝手に諦めたり、決めつけないように！　考えをまとめて手紙やメールで伝えれば、気持ちが伝わるでしょう。

人間関係は自分で思っている以上に間違いだらけ。「よい人」だと思い込んでいる人に裏切られたり、面倒になることが多々あるタイプ。「これは違うな」と感じるなら、縁を切ることや人間関係の見直しが必要でしょう。

自分の中での「面白い」や「楽しい」を決めつけすぎて、他の面白さを簡単に逃してしまうタイプ。もっと流行に目を向けて、いろいろな物を吸収してみると人生が驚くほど楽しくなるでしょう。

開運3ヵ条

一、手紙を書く

二、人間関係を見直す

三、「新しい」「面白い」を探す

あなたの本性

一度決めたことは最後までやり通すことができる信念の強い人です。しかし、それは「自分の決めたルールにおいて」ということに限られます。とても頑固な一面があるので、集団で行動することが苦手です。やや協調性に欠けるところがあり、一人が自然と好きになってしまうでしょう。言葉遣いが下手で、気持ちが相手にうまく伝わらないことがよくありますが、丁寧に伝えようと努めれば問題は簡単に解決できるでしょう。言葉に限らず表現力を磨くことが運気の向上となるので、ダンスや歌、詩を書いたり、表現することの楽しさを知ることが大切になりそうです。何事も決めつけないでチャレンジしてみるとよいでしょう。

恋愛開運3ヵ条

一、過去の恋に執着しないように
二、あまり一途になりすぎないで
三、自分で好みを決めつけない

21〜30
生まれ年の
西暦が偶数

金の鳳凰

考えているなら行動すればいい

じっくり物事を考えてから行動に移すことが多いですが、既にワンテンポずれている可能性があるタイプ。考える前にまずは行動をし、行動しながら考えればいい。動かなければ運はやって来ません。

開運3ヵ条

一、行動してから考える

二、語尾を柔らかく

三、「自分が」はほどほどに

自分で思った以上に言葉遣いが雑になってしまったり、冷たく伝わってしまうタイプ。言葉足らずや余計な一言が多いのに肝心なことが伝わらない場合もあるので、できるだけ丁寧に優しい言葉遣いを心掛けましょう。

自分の気持ちに素直なのはよいですが、「自分がよいと思っているから」と強く思いすぎて、頑固になったり意地を張って視野が狭くなってしまうことがあるでしょう。視野を広げ柔軟な発想を心掛けることが開運のカギ。

あなたの本性

頑固で意地っ張り。自分の決めたことや自分の世界観だけを大切にするため周囲からのアドバイスになかなか耳を傾けない人でしょう。一方で、物事をじっくり考えて慎重に進める知性を持った人でしょう。集団よりも一人でいるのが好きになってしまい、人の集まる場所を避けてしまう傾向があるので、できるだけ多くの人に会える場所に出かけることで持ち前の才能や魅力を引き出してもらえるでしょう。また、過去の出来事を気にしすぎてしまい、環境の変化が苦手になってしまうこともあるので、「過去は過去」と割り切る必要があるでしょう。人間関係は広くはないですが、最初の印象で全てを決めすぎてしまい、結果的に人に振り回されることも。常に冷静に物事を考え「過去と今の違い」を判断する必要があるタイプでしょう。

恋愛開運3カ条

一、あまり第一印象だけに固執しないように

二、「とりあえず付き合う」は後悔の元

三、過去の恋は過去の恋と、割り切りましょう

31～40
生まれ年の
西暦が奇数

銀の時計

情に流され人に合わせすぎないように

人との交流が得意で常にいろいろな人に囲まれることが多いタイプ。その分、ひとりでの行動が苦手になってしまうことがあるでしょう。たまには映画館に行ったり買物をしたり、ひとりで行動して自分を振り返る時間が必要です。

自分の行く道を悩み、「正しい！」と思って飛び込んでも「本当に大丈夫？」と、人生を蛇行しやすいタイプ。せっかく周囲からのアドバイスを聞いても、フラフラしていると信用を失うことがあるので気を付けましょう。

予定を詰め込んで、悩んだり不安にならないことが一番の開運方法。目標を定めて突き進む努力が大切。まず目標を決めることが大切ですが、叶いそうなことや現実的な目標を掲げることが大切になるでしょう。

開運3ヵ条

一、ひとり旅をする

二、周囲のアドバイスを大切に

三、「忙しい」が一番の開運

あなたの本性

思いやりのある優しい人。相談事や世話を焼くことに労を惜しまないので多くの人に好かれるでしょう。面倒見が良く、交友関係も幅広くなり、自分でも驚くような人脈ができることもあるでしょう。集団の中で能力が発揮されるため、いろいろな人に会っておくことが大切。ただ、メンタルが弱く、己の目標を簡単に見失ってしまったり、自分の進むべき道に悩んでしまうことが多いので気を付けましょう。悪友や、自分を振り回す人とは思い切って縁を切る勇気を持たないと、いつまでも人に振り回されてしまうかもしれません。今だけではなく今後何をしたいか、未来の目標をしっかり定めることで運が味方をしてくれ、開運となるタイプでしょう。

恋愛開運3カ条

一、情に流されての交際は後悔するだけ

二、直感の恋は失敗だらけ

三、異性の前で態度は変えないように努めましょう

31〜40
生まれ年の
西暦が偶数

金の時計

くよくよと細かいことを気にしないで

もともと人から影響を受けやすいタイプです。もちろん良い影響も受けますが、悪い影響のほうが受けやすいように感じます。もたらされる情報はよく調べましょう。影響を受ける前に、自分にとっての正否を明らかにしてください。

すべてにおいて「習う」ことは、開運の大きな鍵となります。自分の好きな分野で尊敬できる師匠を見つけることができれば、それこそが幸運に他なりません。まずは、「本当に好きなことは何か?」と自分に問いかけてみましょう。

会話が激しくなってくると、「普通は」とか「それが常識」というような言葉がよく使われるようになってきます。あなたにとっての正論がすべての人の正論ではありません。考えを押し付けずに会話して、よりよい交友を。

開運3ヵ条

一、調べる癖をつける

二、師匠を見つける

三、「普通は」と言わない

あなたの本性

もともと庶民的な感覚の持ち主ですが、親切で優しい性格なので自然と交友関係が広くなってきます。そのため、多種多様な集団と関わることになりがちです。悪い仲間や無駄な関わりを断つことを心に決めてください。一人で行動することにより、自分の人付き合いを客観的に見ることが大切です。とてもナイーブな一面があるので、ちょっとしたことで傷ついて精神的に不安定になることがよくあります。細かいことを気にしないように心がけましょう。なんでも決めつけてしゃべってしまう癖があります。そのため、言葉が攻撃的できつくなりがちです。相手の立場を慮(おもんぱか)って、やさしい言葉を選ぶことを心がけてください。

恋愛開運3カ条

一、同情と恋愛感情を履き違えないようにしましょう

二、無謀な夢を持っている異性に注意して

三、それが恋だと気づいたら速行動すべし

41〜50
生まれ年の
西暦が奇数

銀のカメレオン

落ち込んだら「そんな時もあるさ」と考えて

何かのレールに乗って、機械的に人生が進んでいく。それが悪いことだとは言いませんが、虚しさを感じることがあれば新しく何かに挑戦してください。人生は楽しむためにあり、こなすためにあるわけではないのですから。

人の話を素直に聞くことができるのは、あなたの大きな長所です。後輩などの意見でもしっかりと聞くことができるはずです。自分より若い友達を作り、常に耳を傾けましょう。人に慕われるとともに、運気もアップしていきます。

妄想は、ただ妄想しているだけなら人生の無駄にしかなりません。妄想にスイッチが入ってしまったら、とりあえずその妄想をメモしてみましょう。あらゆる計画は、すべて妄想からはじまります。妄想をカタチにしてください。

開運3ヵ条

一、新しいことに挑戦する

二、若い友達を作る

三、妄想は書き出す

あなたの本性

何かを自分で計画することは苦手ですが、計画されたものに対してはきちんと進めていくことができるタイプです。物覚えが早いので、どのような集団でも即戦力として重宝されます。しかし、決断力に乏しく大事な局面で人任せになってしまいがちです。そのため、信頼を失ってしまう恐れがあります。まずは、ざっくりと自分の人生の計画を立ててみましょう。旅の計画などでもいいです。計画を立てることの楽しさを知ることからはじめてください。また、常識人で考え方はしっかりしていますが、ちょっとしたことで落ち込みます。やがて妄想に走ることもあります。そんな時こそ、新しく何かを学ぶチャンスだと思ってください。

恋愛開運3カ条

一、自分よりレベルの高い人を狙いすぎないように

二、「金持ちには縁がある」と思いましょう

三、的外れな会話に気をつけて

41～50
生まれ年の
西暦が偶数

金のカメレオン

強く圧されたとき優柔不断にならないで

とかく自分の考えに固執しがちなので、見聞を広げることをおすすめします。見聞きをするということは、「勉強をする」ということです。さらに、情報の整合性をとるためにテキストを読んでください。新しい発見があるはずです。

自分の考えがうまく伝わらず、つい惰性で行動してしまうことがありませんか？〝自分はこうしたい〟〝自分はこう思う〟ということをはっきりと相手に伝えましょう。自分の意志を表現することで、交友関係がよくなってきます。

もともとマネをするのが得意なので、その長所を活かしましょう。とくに、苦手なことはマネをして習得することが一番です。人の生き方やファッションセンスも、自分にとって有益だと感じたらどんどんマネしましょう。

開運3ヵ条

一、テキストを読む

二、意志を表現する

三、マネてみる

あなたの本性

よく言えば「古風」、悪く言えば「古くさい」と思われがちなタイプです。それは、個性でもあるので大切にしたいところですが、時には自分の考えに固執せず新しい情報を受け入れてみましょう。計画に基づいて行動することに長けていますが、無計画だと何もできなくなってしまうところがあります。何事も計画書を作ることを習慣にしましょう。また、人のマネをして習得する能力が優れています。それだけに、悪い部分まで吸収しないように注意してください。論理的にものを考えるタイプですが、意外と感情的な攻めに弱く、結局、流されて行動してしまうことがあります。優柔不断な対応に気をつけましょう。

恋愛開運3カ条

一、選び過ぎは恋のチャンスを逃す

二、相手の気持ちがわかったら、すぐに攻めましょう

三、恋愛で無駄な浪費をしないように

51〜60
生まれ年の
西暦が奇数

銀のイルカ

遊び心を大切に

人に注目されることで運を引き寄せられるタイプ。地味で流行遅れの服を着るよりも最新のファッションを心掛けることが開運に繋がるでしょう。自分の存在を目立たせることが肝心でしょう。

「しっかり仕事をしてしっかり遊ぶ」メリハリのある生活を心掛けることが大切。仕事ばかりや遊びばかりになると開運にはならないでしょう。遊びの計画をしっかり立てることが開運となるでしょう。

恋がパワーになるタイプです。恋をすると目標が増え、頑張るようになるでしょう。誰かを好きになったら、それが開運の門が開かれた状態です。恋人と結婚をしても常に恋愛の気持ちを忘れないように心掛けましょう。

開運3ヵ条

一、派手な服装をする

二、メリハリのある生活を

三、恋をする

あなたの本性

柔軟な発想ができ、器用で要領良く人生を歩み、会話上手で周囲の人を楽しませることが好きな華やかなタイプ。自然と人脈も広く世渡り上手になる人でしょう。仕事は一生懸命に見せるフリが上手く、本音は遊び大好き。勉強や仕事を遊びと連動させると人生が自然と楽しくなるでしょう。趣味のために勉強したり、趣味を仕事にするのもいいでしょう。人生そのものも「遊び」と考えてしまうぐらいで丁度よいかも。人に見せない部分で頑固になりすぎてしまうことがあるので、柔軟な発想は忘れないように心掛ける必要もあるでしょう。もし遊びが苦手だと思う場合は、旅行の計画を立て、遊びの目標をしっかり作ることで開運に繋がるでしょう。

恋愛開運3カ条

一、恋に積極的になりすぎて、一夜の恋にご用心

二、恋人に執着はしないように

三、自分の話はほどほどにして

51〜60
生まれ年の
西暦が偶数

金のイルカ

意地を張るのもほどほどに

エネルギッシュで頑張り屋なので、とかくオーバーワークになりがちです。心身を労るためにも、オンとオフのメリハリをしっかりとつけましょう。早く寝て遅く起きることが大切。日々しっかり休みましょう。

競争心があり、負けず嫌いの頑張り屋なので、同年代や目標となる相手を見つけることでパワーが出るタイプ。自分よりも少しレベルの高い相手を目指すことで能力も運気もアップしてくるでしょう。

服装でも、発言でも、行動でもいい、とにかく周囲の人から注目されるように振る舞ってください。注目されることが自分のパワーの源となります。期待を背負い、頑張り抜く能力に恵まれているので、多少過剰でもかまいません。

開運3ヵ条

一、早寝遅起き

二、ライバルを見つける

三、注目を集める

あなたの本性

負けず嫌いの頑張り屋。周囲から注目されることで自分を高め、更に努力することができるタイプ。何事にも積極的にチャレンジできますが、身勝手な行動に走ったり、ワガママな発言が増えてしまうこともありそう。持ち前のパワーが魅力となり、幅広い人脈もできるでしょう。地味な服装よりも、個性を表した物を身にまとったほうが運気の流れを引き寄せることもできそう。遊び人の気質もあるので、しっかり仕事をした後はしっかり遊んでストレスを発散したり、自分へのご褒美が必要となるでしょう。また、突然頑固になりすぎてしまい、自らチャンスを逃してしまうことがあるので意地を張りすぎないように心掛ける必要もあるでしょう。

恋愛開運3カ条

一、熱くなったら一歩引いて、相手をよく知ること

二、異性からのおだてには要注意

三、自分の話は控えて、聞き役になって

運気コラム3

運気には、表と裏がある

運には、いい時期悪い時期がありません。何をもっていい時期とするのか、何をもって悪い時期とするのか、人それぞれ違いますから。

表運気の時期は、自分の努力が評価される時期です。がんばればいい時期ではなく、どれだけがんばってきたかが大切になります。運の貯金を一気に使う時だと思ってください。力をつける時ではないが、実力は評価されます。

裏運気の時期は、ガムシャラにがんばって努力をしてもなかなか評価もされません。不慣れや苦手なことに直面することもあります。悲しいことも辛いこともあります。しかし、それは己を鍛えパワーアップする時期。運を貯める時期だと思ってください。

人は、これをあるリズムで繰り返します。表の時期が短い人は裏の時期も短く、裏が長いと表も長くなります。

最短の表運気は1年半、最長で144年です。裏も同じです。大切なのは、裏の時期に突入する前、そこで何をするかです。まずは、現状を受け止めること、他人の責任にしないこと。すべてを受け入れて、そこからどうするかを考えて行動してください。表も裏も自分です。

五星三心占いによる

第六章 60タイプの開運指南

運気のよいときを知ることよりも、
運気の悪いときを知ることのほうが大切だったりします。
運気の悪いときとは、学ぶときであり、
自分の足りないモノを補うときです。
運気が悪いときこそ何をすべきかを知る必要があります。
ここでは、〝五星三心占い〟により60タイプに分けて、
それぞれにあった開運アイテムをお伝えします。
あなたを開運に導くために
大切なことを知っておいてください。
P91からの『五星三心占い　早見表』で
自分の数字を探し出して、
60タイプの中に当てはめて読み進めていってください。

P91～126の『五星三心占い　早見表』で占いたい人の生年月日から1～60の数字を割り出します。P70～89に、1～60のタイプ別開運指南を掲載しています。割り出した数字が1の人は1の欄へ、2の人は2の欄へ、……60の人は60の欄へ読み進んでください。そこに書かれているのは、あなたを開運に導いてくれる「開運カラー」「開運人」「開運食」「開運場所」「開運の3ヵ条」です。

①の人
笑顔を大切に

開運カラー
赤、オレンジ

開運人
同い年の友だち、ライバル

開運食
クッキー、上品な食べ物

開運場所
スポーツジム、ホテル

開運3ヵ条
①「でも」「だって」は言わない
②他人のために頑張る
③ライバルを見つける

②の人
派手な服を着ましょう

開運カラー
白、黒、モノトーン

開運人
同い年の友だち、ライバル

開運食
和菓子、上品な食べ物

開運場所
ライブ、旅行先、ジェットコースター

開運3ヵ条
①辛いときは弱音を吐く
②団体行動をする
③人の話を最後まで聞く

③の人
話をたくさんしましょう

開運カラー
ピンク、オレンジ

開運人
一緒に遊べる人

開運食
チョコレート、上品な食べ物

開運場所
アミューズメントパーク、楽しいところ

開運3ヵ条
①周囲を楽しませる
②「自分は運がいい」と呟く
③人を遊びに誘う

④の人 余計な一言には要注意

開運カラー
白、黒、黄

開運人
一緒に遊べる人

開運食
ファーストフード

開運場所
ギャラリー、カラオケ、カフェ

開運3ヵ条
① 愚痴は慎み、前向きな話をする
② 空腹で人と話さない
③ 体力づくりをする

⑤の人 損得勘定で動くのはやめましょう

開運カラー
白、ブルー

開運人
情報とお金を持っている人

開運食
旬の食べ物、上品な食べ物

開運場所
都会、ショッピングモール、温泉

開運3ヵ条
① 不慣れなよいしょはしない
② 適当な話をしない
③ 流行りの服を着る

⑥の人 自分を過小評価しないで

開運カラー
白

開運人
情報とお金を持っている人

開運食
お米、おにぎり

開運場所
100円ショップ、バーゲン会場、温泉

開運3ヵ条
① ケチケチしない
② 美容とメイクにお金をかける
③ 歯切れよく話す

⑦の人　人任せはやめましょう

開運カラー
緑、白

開運人
年下、後輩

開運食
麺料理

開運場所
ホテル、マッサージ店、美容室

開運3ヵ条
① ポジティブな言葉を使う
② 言われる前に行動する
③ ネックレスの似合う服を着る

⑧の人　細かいことを気にしないで

開運カラー
白、金

開運人
年下、後輩

開運食
フレンチコース、高級料理

開運場所
高級ホテル、上品な場所

開運3ヵ条
① 音楽を聴く
②「何とかなる」を口癖に
③ 自分の欠点ばかりを考えない

⑨の人　人を小馬鹿にしないように

開運カラー
白、黒、紫

開運人
才能がある人

開運食
カレーライス、スパイシーな食べ物

開運場所
海外、マニアックな場所

開運3ヵ条
① 屁理屈はほどほどに
② 好きな匂いを嗅ぐ
③ 批判もほどほどに

⑩の人　どんな人でも尊敬しましょう

開運カラー
白、黒、紫

開運人
才能がある人

開運食
和食

開運場所
図書館、歴史を感じる場所

開運3ヵ条
①将来の夢の話をする
②偏った食事をやめる
③芸術や美術の趣味をもつ

⑪の人　上下関係をしっかりしましょう

開運カラー
赤、オレンジ

開運人
同い年の友達、ライバル

開運食
クッキー、ハンバーグ

開運場所
スポーツジム

開運3ヵ条
①いつも笑顔で
②知り合いの輪を大切に
③「でも」「だって」を言わない

⑫の人　博打的な行動は避けましょう

開運カラー
白、黒

開運人
同い年の友達、ライバル

開運食
和菓子、オムライス

開運場所
ライブ、刺激的な場所

開運3ヵ条
①ときには弱音をはいて
②旅行やライブに行く
③人の話は最後まで聞く

⑬の人 周囲を楽しませましょう

開運カラー
ピンク、オレンジ

開運人
一緒に遊べる人

開運食
チョコレート、ハンバーグ

開運場所
遊園地、楽しい所

開運3ヵ条
① カラオケに行く
② 知り合いや仲間を集める
③「自分は運がいい」と言う

⑭の人 過去の自慢話をしないように

開運カラー
白、黒、黄

開運人
情報とお金を持っている人

開運食
ファーストフード

開運場所
カフェ、カラオケ

開運3ヵ条
① 話の聞き役になる
② 空腹で人と会わないように
③ 知り合いを増やす

⑮の人 適当な話をしないように

開運カラー
白、オレンジ

開運人
情報とお金を持っている人

開運食
旬の食べ物

開運場所
トレンディな場所

開運3ヵ条
① 流行の服を着る
② お酒の飲みすぎに注意
③ 知り合いを集めて語る

⑯の人
言いたいことは言いましょう

開運カラー
白、オレンジ

開運人
才能がある人

開運食
おにぎり、お米料理

開運場所
100円ショップ、お金のかからない場所

開運3ヵ条
① 目先の小銭に振り回されないで
② 遠慮しないで図々しくなって
③ 音楽を聴く

⑰の人
自分が正しいと思い込まないで

開運カラー
緑、白

開運人
年下、後輩

開運食
麺料理

開運場所
サービス業の店

開運3ヵ条
① 年下と遊んで
② 知り合いの輪を広げて
③ 言ったことには責任をもって

⑱の人
困ったら助けを求めましょう

開運カラー
白、オレンジ

開運人
年下、後輩

開運食
高級料理

開運場所
高級ホテル、上品な場所

開運3ヵ条
① 欠点ばかりの妄想は控えて
② 知り合いをできるだけ増やして
③ テンションのあがる音楽を聴く

⑲の人 食事のバランスに気をつけて

開運カラー
白、黒、紫

開運人
才能がある人

開運食
カレーライス

開運場所
東南アジア、マニアックな場所

開運3カ条
① 目標を3つ作る
② 言い訳しないように生きる
③ 知り合いを大切に

⑳の人 語尾を柔らかく話しましょう

開運カラー
白、黒、紫

開運人
才能がある人

開運食
寿司、和食

開運場所
伝統的な場所

開運3カ条
① 偏食に気をつける
② 芸術や美術の趣味をもつ
③ 人に興味をもち尊敬する

㉑の人 なんでも決めつけないように

開運カラー
赤、オレンジ

開運人
同い年の友達

開運食
クッキー、フライドチキン

開運場所
スポーツジム、運動場

開運3カ条
① 手紙を書く
② 目上の人への礼儀をしっかりと
③ 運動をする

㉒の人
団体行動を楽しみましょう

開運カラー
白、黒

開運人
同い年の友達、ライバル

開運食
和菓子、煎餅

開運場所
ライブ、刺激的な場所

開運3ヵ条
① ライブや旅行に出かける
② 柔軟な発想を心掛ける
③ 身勝手な行動を控える

㉓の人
何事も考えすぎないで

開運カラー
ピンク、オレンジ

開運人
一緒に遊べる人

開運食
チョコレート、ナッツ類

開運場所
アミューズメントパーク

開運3ヵ条
① 集団の中に入る
② 空腹で人に会わない
③ 周囲を楽しませて

㉔の人
体力作りをしましょう

開運カラー
白、黒、黄

開運人
一緒に遊べる人

開運食
旬の食べ物

開運場所
アートを感じる場所

開運3ヵ条
① 前向きな話をする
② 短気は損気
③ 恩は着せぬように

㉕の人 人助けをしましょう

開運カラー
白、ブルー

開運人
情報とお金を持っている人

開運食
旬の食べ物

開運場所
都会的でおしゃれな場所

開運3ヵ条
①適当な話はほどほどに
②勝算があると思うなら実行して
③温泉に行く

㉖の人 地道にコツコツなりすぎない

開運カラー
白、グレー

開運人
情報とお金を持っている人

開運食
煎餅、米料理

開運場所
お金の掛からない場所

開運3ヵ条
①美容に関心を持つ
②自信をもって行動する
③手紙を書く

㉗の人 お世辞を真に受けないで

開運カラー
白、緑

開運人
年下、後輩

開運食
麺料理、ナッツ類

開運場所
ラーメン店、サービス業の店

開運3ヵ条
①見栄を張らない
②両親や祖父母を大切に
③柔軟な対応を心掛けて

㉘の人 くよくよしないように

開運カラー
白、紫、オレンジ

開運人
才能がある人

開運食
カレーライス、固い食べ物

開運場所
品格のある場所

開運3ヵ条
①元気になる音楽を聴く
②沢山の人に会って話す
③考えすぎに注意

㉙の人 理屈っぽくならないで

開運カラー
白、黒、紫

開運人
才能がある人

開運食
和食、ナッツ類

開運場所
海外、マニアックな場所

開運3ヵ条
①言い訳をしない
②批判的にならないで
③人の面白いところを認める

㉚の人 体力作りをしましょう

開運カラー
白、黒、黄

開運人
一緒に遊べる人

開運食
旬の食べ物

開運場所
図書館、喫茶店

開運3ヵ条
①偉そうな口調は使わない
②神社仏閣に行く
③人を馬鹿にしない

㉛の人
学生時代の友人に縛られないように

開運カラー
赤、紺

開運人
知り合いの多い人

開運食
ビスケット

開運場所
競技場

開運3ヵ条
① 反発はしないように
② 運動をする
③ 現実的な目標を定める

㉜の人
刺激ばかりを追い求めないように

開運カラー
白、黒、グレー

開運人
ライブが好きな人

開運食
みたらし団子

開運場所
ライブハウス

開運3ヵ条
① 旅行やライブにマメに行く
② 悪友に振り回されないように
③ 人の話は最後までしっかり聞く

㉝の人
ワガママな発言を控えましょう

開運カラー
ピンク、白

開運人
フットワークの軽い人

開運食
ケーキ

開運場所
ファミレス

開運3ヵ条
① 気分で判断しない
② 愚痴や不満を口に出さない
③ 笑顔を心掛ける

㉞の人

切らなくてはならない情もある

開運カラー
イエロー、白、黒

開運人
情報収集が好きな人

開運食
バナナ

開運場所
遊園地

開運3ヵ条
①空腹で人と会わない
②人の面倒を見すぎないように
③話の聞き役になれる

㉟の人

情報に振り回されないように

開運カラー
紺、白

開運人
新しいことにチャレンジする人

開運食
焼肉定食

開運場所
ショッピングモール

開運3ヵ条
①小さな目標を立てる
②無駄な物を捨てる
③悪友との縁は切る

㊱の人

優しいや真面目がよいとは限らない

開運カラー
白、ピンク、オレンジ

開運人
マイペースな人

開運食
おにぎり

開運場所
図書館

開運3ヵ条
①自分を過小評価しない
②流行の美に敏感になる
③ケチケチしない

㊲の人　調子のいい人に注意して

開運カラー
白、緑

開運人
年下、後輩

開運食
麺料理、味噌汁

開運場所
公園、サービス業の店

開運3ヵ条
① 習い事をする
② 何事も人任せにしないで
③ ネックレスをつける

㊳の人　悪友と縁を切りましょう

開運カラー
白、オレンジ

開運人
年下、後輩

開運食
フレンチ、高級料理

開運場所
クラシックコンサート、公演

開運3ヵ条
① 好きな音楽を聴く
② ダンスを踊る
③ 自己嫌悪しないように

㊴の人　議論で熱くならないように

開運カラー
白、黒、紫

開運人
才能がある人

開運食
カレーライス、家庭料理

開運場所
海外、マニアックな場所

開運3ヵ条
① 言い訳をしないで
② 食事のバランスに注意
③ 好きな匂いを嗅ぐ

㊵の人

優しい言葉を心掛けて

開運カラー
白、黒、紫

開運人
才能がある人

開運食
和食、鍋料理

開運場所
歴史のある場所、公園

開運3ヵ条
① 人を敬って
② 神社仏閣に行く
③ 美術館へ行く

㊶の人

計画を立てて行動しましょう

開運カラー
赤、オレンジ

開運人
同い年の友達

開運食
クッキー、煮込み料理

開運場所
スポーツジム、劇場

開運3ヵ条
① いつも笑顔を心掛ける
② ライバルを作る
③ 「でも」「だって」と言わないで

㊷の人

話は最後まで聞きましょう

開運カラー
白、黒

開運人
同い年の友達、ライバル

開運食
和菓子、シチュー

開運場所
劇場、刺激的な場所

開運3ヵ条
① 優柔不断に要注意
② 団体行動を好んで
③ コスプレをする

㊸の人 自分の意志はしっかりと伝えて

開運カラー
ピンク、オレンジ、緑

開運人
一緒に遊べる人

開運食
チョコレート、煮込み料理

開運場所
アミューズメントパーク

開運3カ条
①芸を身に付けて
②カラオケに行く
③マネをする

㊹の人 早寝早起きを心掛けましょう

開運カラー
白、黒、黄

開運人
一緒に遊べる人

開運食
ファーストフード、シチュー

開運場所
アートギャラリー、老舗

開運3カ条
①スポーツを楽しむ
②若い人の話を聞く
③愚痴を言わない

㊺の人 ボランティアに参加しましょう

開運カラー
白、ブルー

開運人
情報とお金を持っている人

開運食
旬の食べ物

開運場所
トレンディな店

開運3カ条
①流行の服を着る
②損得勘定で動かないで
③無駄な物は捨てる

㊻の人
想いを溜め込まないように

開運カラー
白、緑

開運人
情報とお金を持っている人

開運食
リゾット、米料理

開運場所
100円ショップ、お城

開運3カ条
① ケチケチしないで
② はっきりと話す
③ 美容に関心を持つ

㊼の人
臨機応変に対応しましょう

開運カラー
白、緑

開運人
年下、後輩

開運食
煮込みうどん、麺料理

開運場所
マッサージ店、劇場

開運3カ条
① おだてに乗らないで
② 見栄を張らないで
③ 両親を大切に

㊽の人
自分のあら探しをしないで

開運カラー
白、オレンジ

開運人
年下、後輩

開運食
ビーフシチュー、高級料理

開運場所
パーティー会場、老舗

開運3カ条
① 音楽を聴く
② アロマを楽しむ
③ 細かいことを気にしないで

㊾の人

陰口を言わないように

開運カラー
白、黒、紫

開運人
才能がある人

開運食
カレーライス

開運場所
東南アジア、お城

開運3ヵ条
①人を小馬鹿にしない
②偏食をしないで
③好きな匂いを嗅ぐ

㊿の人

バランスのいい食事を心掛けて

開運カラー
白、黒、紫

開運人
才能がある人

開運食
和食、煮込み料理

開運場所
歴史を感じさせる場所

開運3ヵ条
①芸術や美術の趣味をもつ
②尊敬の念を持って
③新しい考えを取り入れる

㉛の人

上下関係をはっきりさせて

開運カラー
赤、オレンジ

開運人
同い年の友達

開運食
クッキー、ファミレス

開運場所
運動場、居酒屋

開運3ヵ条
①遊び心を大切に
②いつも笑顔で
③目標となる人を作る

㊷の人 仕事と遊びにメリハリをつけて

開運カラー
白、黒、ブルー

開運人
友達、ライバル

開運食
和菓子、ファミレス

開運場所
刺激的な場所、カラオケ

開運3ヵ条
①しっかり遊んで
しっかり仕事する
②旅行に行く
③コスプレをする

㊸の人 自分の幸運を信じましょう

開運カラー
ピンク、オレンジ

開運人
一緒に遊べる人

開運食
チョコレート、食べ放題

開運場所
アミューズメントパーク

開運3ヵ条
①人生は遊びだと思うこと
②ダンスを踊る
③恋をする

㊹の人 身体を動かしましょう

開運カラー
白、黒、黄

開運人
話を聞いてくれる人

開運食
ファーストフード

開運場所
カフェ、居酒屋

開運3ヵ条
①愚痴はほどほど、
人の話の聞き役に
②決まった時間に寝る
③沢山の人に会う

㊺の人 いい加減な話は慎むように

開運カラー
白、ブルー

開運人
情報とお金を持っている人

開運食
旬の食べ物

開運場所
トレンディな場所

開運3ヵ条
① 欲しい物を見つける
② 遊びの予定をしっかり立てて
③ 温泉に行く

㊻の人 太っ腹のところを見せましょう

開運カラー
白、ブルー

開運人
情報とお金を持っている人

開運食
おにぎり、米料理

開運場所
100円ショップ、カラオケ

開運3ヵ条
① 美容に関心をもつ
② 目先のお金で動かぬように
③ 音楽を聴く

㊼の人 遊びは自分から誘って

開運カラー
白、緑、ブルー

開運人
年下、後輩、遊び仲間

開運食
麺料理、食べ放題

開運場所
ラーメン店、サービス業の店

開運3ヵ条
① ネックレスをつける
② 後輩や部下と遊ぶ
③ 早寝早起きをする

㊽の人
しっかり遊んでしっかり働く

開運カラー
白、ブルー、オレンジ

開運人
年下、後輩、遊び仲間

開運食
フレンチ、高級料理

開運場所
ホテル、気品のある場所

開運3ヵ条
① 好きな音楽を聴く
② 冗談や失敗をネタにする
③ カラオケに行く

㊾の人
責任感を身に付けましょう

開運カラー
白、黒、紫

開運人
才能がある人

開運食
カレーライス

開運場所
海外、マニアックな所

開運3ヵ条
① 言い訳をしない
② 才能を磨く
③ 偏食に気をつける

㊿の人
人と会うことに躊躇しないで

開運カラー
白、黒、紫

開運人
才能がある人

開運食
和食、ファミレス

開運場所
図書館、伝統的な場所

開運3ヵ条
① 神社仏閣に行く
② 尊敬できる人を見つける
③ 言葉の語尾を優しくする

運気コラム4

『五星三心占い』とは何か？

『五星三心占い』は、四柱推命、気学、算命学、宿曜学、手相、人相、西洋占星術などを組み合わせて生み出したオリジナルの占術です。それぞれの占いは30％くらいしか当たりません。だから、様々な占術をリンクさせて限りなく100％に近い答えを探した結果、辿り着きました。

五星の〝五〟は、陰陽五行説（十干と十二支を組み合わせた60を周期とする考え方）の〝五〟に由来しています。五行は、火、金、水、木、土で表され、それぞれ人間の特性や、五つの欲望に当てはめることができます。それは、「食欲や性欲」「金欲や財産欲」「権力欲や支配欲」「自我欲」「創作欲」の五つです。これが占いの基本となります。

そして人の運気の流れは3パターンしかありません。つまり、3つの行動パターンに分類されます。占う時、その相手が生年月日を書く時の言動やしぐさなどから、その行動パターンを摑んでいます。

人は、五つの欲望と三つの行動パターンが混ざってできているということになります。簡単に説明すると、その考えを基本とした占術が、五星三心占いなのです。

五星三心占い

早見表の見方

ゲッターズ飯田が生み出した『五星三心占い』による結果を
1〜60の数字で表しました。人間の特性や幸福感などは、
この60パターンに当てはめることができます。
その数字を自分の生年月日から割り出します。
まず、自分の生まれた年を探し、横軸の生まれた月と
縦軸の生まれた日が重なったところが、
あなたの特性を表す開運番号となります。その番号で、
P43〜67の第五章『五星三心占いによる12タイプの3カ条』と
P69〜89の第六章『五星三心占いによる60タイプの開運指南』を
読み解くことができます。

1945年

日 月	1	2	3	4	5	6	7	8	9	10	11	12
1	4	39	8	36	9	38	7	38	10	39	15	49
2	3	38	5	35	10	35	6	37	17	48	16	50
3	2	37	6	34	7	46	5	46	18	47	13	47
4	1	45	3	33	8	43	14	45	15	46	14	48
5	20	46	8	42	15	44	13	44	16	45	11	45
6	19	43	11	41	16	41	12	43	13	44	12	46
7	18	44	12	50	13	42	11	42	14	43	19	43
8	17	41	19	49	14	49	20	42	11	42	20	44
9	16	42	20	48	11	50	19	49	12	41	17	41
10	15	49	17	47	12	47	18	50	19	50	18	42
11	14	50	18	46	19	48	17	47	20	49	25	59
12	13	45	15	45	20	45	16	48	27	58	26	60
13	12	46	16	44	17	46	15	55	28	57	23	57
14	11	53	13	43	20	53	24	56	25	56	24	58
15	30	54	14	60	27	54	23	53	26	55	21	55
16	27	51	21	59	28	51	22	58	23	54	28	56
17	26	52	21	58	25	53	29	55	24	53	25	53
18	25	59	30	54	26	52	28	56	21	52	26	53
19	22	58	29	51	23	51	27	53	21	57	23	52
20	21	55	28	52	24	60	30	54	30	56	24	51
21	30	56	27	59	27	59	29	51	29	55	31	10
22	29	53	26	60	28	58	28	52	38	5	32	9
23	28	54	25	57	25	57	27	7	37	6	37	8
24	27	1	24	58	26	6	36	8	36	3	38	7
25	36	2	23	5	33	5	35	5	35	4	35	6
26	35	9	32	6	34	4	34	6	34	1	36	5
27	34	10	31	3	31	1	33	3	33	2	33	4
28	33	7	40	4	32	10	32	4	32	9	34	3
29	32		39	1	39	9	31	1	31	10	31	2
30	31		38	2	40	8	40	2	40	7	32	1
31	40		37		37		39	9		8		10

1946年

日 月	1	2	3	4	5	6	7	8	9	10	11	12
1	19	44	11	41	16	41	12	43	13	44	12	46
2	18	43	12	50	13	42	11	42	14	43	19	43
3	17	42	19	49	14	49	20	41	11	42	20	44
4	16	42	20	48	11	50	19	50	12	41	17	41
5	15	49	11	47	12	47	18	49	19	50	18	42
6	14	50	18	46	19	48	17	48	20	49	25	59
7	13	47	15	45	20	45	15	47	27	58	26	60
8	12	48	16	44	17	46	15	55	28	57	23	57
9	11	55	13	43	18	53	24	56	25	56	24	58
10	30	56	14	52	25	54	23	53	26	55	21	55
11	29	53	21	51	26	51	22	54	23	54	22	56
12	28	52	22	60	23	52	21	51	24	53	29	53
13	27	59	29	59	24	59	30	52	21	52	30	54
14	26	60	30	58	23	60	29	59	22	51	27	51
15	25	57	27	55	24	57	28	60	29	60	28	52
16	22	58	28	54	21	58	27	51	30	59	31	9
17	21	55	26	53	22	58	26	52	37	8	32	10
18	30	56	25	57	29	57	23	9	38	7	39	7
19	27	1	24	58	30	6	32	10	36	2	40	7
20	36	2	23	5	37	5	31	7	35	1	37	6
21	35	9	32	6	34	4	34	8	34	10	38	5
22	34	10	31	3	31	3	33	5	33	2	35	4
23	33	7	40	4	32	2	32	4	32	9	34	3
24	32	8	39	1	39	1	31	1	31	10	31	2
25	31	5	38	2	40	10	40	2	40	7	32	1
26	40	6	37	9	37	9	39	9	39	8	49	20
27	39	3	36	10	38	6	38	10	48	15	50	19
28	38	4	35	7	35	5	37	17	47	16	47	18
29	37		34	8	36	14	46	18	46	13	48	17
30	46		33	15	43	13	45	15	45	14	45	16
31	45		42		44		44	16		11		15

1947年

日　月	1	2	3	4	5	6	7	8	9	10	11	12
1	14	49	18	46	19	48	17	48	20	49	25	59
2	13	48	15	45	20	45	16	47	27	58	26	60
3	12	47	16	44	17	46	15	56	28	57	23	57
4	11	56	13	43	18	53	24	55	25	56	24	58
5	30	56	14	52	25	54	23	54	26	55	21	55
6	29	53	21	51	26	51	22	53	23	54	22	56
7	28	54	22	60	23	52	22	52	24	53	29	53
8	27	51	29	59	24	59	30	52	21	52	30	54
9	26	52	30	58	21	60	29	59	22	51	27	51
10	25	59	27	57	22	57	28	60	29	60	28	52
11	24	60	28	56	29	58	27	57	30	59	35	9
12	23	57	25	55	30	55	26	58	37	8	36	10
13	22	56	26	54	27	56	25	5	38	7	33	7
14	21	3	23	53	30	3	34	6	35	6	34	8
15	40	4	34	2	37	4	33	3	36	5	31	5
16	37	1	31	9	38	1	32	8	33	4	38	6
17	36	2	31	8	35	3	31	5	34	3	35	3
18	35	9	40	7	36	2	38	6	31	2	36	4
19	32	10	39	1	33	1	37	3	31	7	33	2
20	31	5	38	2	34	10	36	4	40	6	34	1
21	40	6	37	9	37	9	39	1	39	5	41	20
22	39	3	36	10	38	8	38	2	48	15	42	19
23	38	4	35	7	35	7	37	17	47	16	47	18
24	37	11	34	8	36	16	46	18	46	13	48	17
25	46	12	33	15	43	15	45	15	45	14	45	16
26	45	19	42	16	44	14	44	16	44	11	46	15
27	44	20	41	13	41	11	43	13	43	12	43	14
28	43	17	50	14	42	20	42	14	42	19	44	13
29	42		49	11	49	19	41	11	41	20	41	12
30	41		48	12	50	18	50	12	50	17	42	11
31	50		47		47		49	19		18		30

1948年

日　月	1	2	3	4	5	6	7	8	9	10	11	12
1	29	54	22	60	23	52	21	52	24	53	29	53
2	28	53	29	59	24	59	30	51	21	52	30	54
3	27	52	30	58	21	60	29	60	22	51	27	51
4	26	51	27	57	22	57	28	59	29	60	28	52
5	25	59	28	56	29	58	27	58	30	59	35	9
6	24	60	25	55	30	55	26	57	37	8	36	10
7	23	57	26	54	27	56	25	6	38	7	33	7
8	22	58	23	53	28	3	34	6	35	6	34	8
9	21	5	24	2	35	4	33	3	36	5	31	5
10	40	6	31	1	36	1	32	4	33	4	32	6
11	39	3	32	10	33	2	31	1	34	3	39	3
12	38	4	39	9	34	9	40	2	31	2	40	4
13	37	9	40	8	33	10	39	9	32	1	37	1
14	36	10	37	7	34	7	38	10	39	10	38	2
15	35	7	38	4	31	8	37	7	40	9	41	19
16	32	8	35	3	32	5	36	2	47	18	42	20
17	31	5	35	2	39	7	33	19	48	17	49	17
18	40	6	34	8	40	16	42	20	45	12	50	17
19	37	13	33	15	47	15	41	17	45	11	47	16
20	46	12	42	16	44	14	44	18	44	20	48	15
21	45	19	41	13	41	13	43	15	43	12	45	14
22	44	20	50	14	42	12	42	16	42	19	44	13
23	43	17	49	11	49	11	41	11	41	20	41	12
24	42	18	48	12	50	20	50	12	50	17	42	11
25	41	15	47	19	47	19	49	19	49	18	59	20
26	50	16	46	20	48	18	48	20	58	25	60	29
27	49	13	45	17	45	15	47	27	57	26	57	28
28	48	14	44	18	46	24	56	28	56	23	58	27
29	47	21	43	25	55	23	55	26	55	24	55	26
30	56		52	26	53	22	54	25	54	21	56	25
31	55		51		54		53	23		22		24

1949年

日 月	1	2	3	4	5	6	7	8	9	10	11	12
1	23	58	25	55	30	55	26	57	37	8	36	10
2	22	57	26	54	27	56	25	6	38	7	33	7
3	21	6	23	53	28	3	34	5	35	6	34	8
4	40	6	24	2	35	4	33	4	36	5	31	5
5	39	3	31	1	36	1	32	3	33	4	32	6
6	38	4	32	10	33	2	31	2	34	3	39	3
7	37	1	39	9	34	9	40	1	31	2	40	4
8	36	2	40	8	31	10	39	9	32	1	37	1
9	35	9	37	7	32	7	38	10	39	10	38	2
10	34	10	38	6	39	8	37	7	40	9	45	19
11	33	7	35	5	40	5	36	8	47	18	46	20
12	32	6	36	4	47	6	35	15	48	17	43	7
13	31	13	33	3	48	13	44	16	45	16	44	8
14	50	14	34	12	47	14	43	13	46	15	41	5
15	49	11	41	19	48	11	42	14	43	14	42	6
16	46	12	42	18	45	12	41	15	44	13	45	3
17	45	19	50	17	46	12	48	16	41	12	46	4
18	44	20	49	11	43	11	47	13	42	11	43	2
19	41	15	48	12	44	20	46	14	50	16	44	1
20	50	16	47	19	41	19	49	11	49	15	51	30
21	49	13	46	20	48	18	48	12	58	24	52	29
22	48	14	45	17	45	17	47	29	57	25	59	28
23	47	21	44	18	46	26	56	28	56	23	58	27
24	56	22	43	25	43	25	55	25	55	24	55	26
25	55	29	52	26	54	24	54	26	54	21	56	25
26	54	30	51	23	51	23	53	23	53	22	53	24
27	53	27	60	24	52	30	52	24	52	29	54	23
28	52	28	59	21	59	29	51	21	51	30	51	22
29	51		58	22	60	28	60	22	60	27	52	21
30	60		57	29	67	27	59	29	59	28	9	40
31	59		56		68		58	30		35		39

1950年

日 月	1	2	3	4	5	6	7	8	9	10	11	12
1	38	3	32	10	33	2	31	2	34	3	39	3
2	37	2	39	9	34	9	40	1	31	2	40	4
3	36	1	40	8	31	10	39	10	32	1	37	1
4	35	9	37	7	32	7	38	9	39	10	38	2
5	34	10	38	6	39	8	37	8	40	9	45	19
6	33	7	35	5	40	5	36	7	47	18	46	20
7	32	8	36	4	37	6	35	16	48	17	43	17
8	31	15	33	3	38	13	44	16	45	16	44	18
9	50	16	34	12	45	14	43	13	46	15	41	15
10	49	13	41	11	46	11	42	14	43	14	42	16
11	48	14	42	20	43	12	41	11	44	13	49	13
12	47	19	49	19	44	19	50	12	41	12	50	14
13	46	20	50	18	41	20	49	19	42	11	47	11
14	45	17	47	17	44	17	48	20	49	20	48	12
15	44	18	48	14	41	18	47	17	50	19	55	29
16	41	15	45	13	42	15	46	12	57	28	52	30
17	50	16	45	12	49	17	45	29	58	27	59	27
18	49	23	44	18	50	26	52	30	55	26	60	28
19	56	22	43	25	57	25	51	27	55	21	57	26
20	55	29	52	26	58	24	60	28	54	30	58	25
21	54	30	51	23	51	23	53	25	53	29	55	24
22	53	27	60	24	52	22	52	26	52	29	56	23
23	52	28	59	21	59	21	51	21	51	30	51	22
24	51	25	58	22	60	30	60	22	60	27	52	21
25	60	26	57	29	57	29	59	29	59	28	9	40
26	59	23	56	30	58	28	58	30	8	35	10	39
27	58	24	55	27	55	25	57	37	7	36	7	38
28	57	31	54	28	56	34	6	38	6	33	8	37
29	6		53	35	3	33	5	35	5	34	5	36
30	5		2	36	4	32	4	36	4	31	6	35
31	4		1		1		3	33		32		34

1951年

日 月	1	2	3	4	5	6	7	8	9	10	11	12
1	33	8	35	5	40	5	36	7	47	18	46	20
2	32	7	36	4	37	6	35	16	48	17	43	17
3	31	16	33	13	38	13	44	15	45	16	44	18
4	50	15	34	12	45	14	43	14	46	15	41	15
5	49	13	41	11	46	11	42	13	43	14	42	16
6	48	14	42	20	43	12	41	12	44	13	49	13
7	47	11	49	19	44	19	50	11	41	12	50	14
8	46	12	50	18	41	20	49	19	42	11	47	11
9	45	19	47	17	42	17	48	20	49	20	48	12
10	44	20	48	16	49	18	47	17	60	19	55	29
11	43	17	45	15	50	15	46	18	57	28	56	30
12	42	18	46	14	47	16	45	25	58	27	53	27
13	41	23	43	13	48	23	54	26	55	26	54	28
14	60	24	44	22	57	24	53	23	56	25	51	25
15	59	21	51	21	58	21	52	24	53	24	52	26
16	56	22	52	28	55	22	51	25	54	23	55	23
17	55	29	60	27	56	22	60	26	51	22	56	24
18	54	30	59	26	53	21	57	23	52	21	53	21
19	51	27	58	22	54	30	56	24	60	26	54	21
20	60	26	57	29	51	29	55	21	59	25	1	40
21	59	23	56	30	58	28	58	22	8	34	2	39
22	58	24	55	27	55	27	57	39	7	36	9	38
23	7	31	54	28	56	36	6	38	6	33	8	37
24	6	32	53	35	3	35	7	35	5	34	5	36
25	5	39	2	36	4	34	4	36	4	31	6	35
26	4	40	1	33	1	33	3	33	3	32	3	34
27	3	37	10	34	2	40	2	34	2	39	4	33
28	2	38	9	31	9	39	1	31	1	40	1	32
29	1		8	32	10	38	10	32	10	37	2	31
30	10		7	39	7	37	9	39	9	38	19	50
31	9		6		8		8	40		45		39

1952年

日 月	1	2	3	4	5	6	7	8	9	10	11	12
1	48	13	49	19	44	19	50	11	41	12	50	14
2	47	12	50	18	41	20	49	20	42	11	47	11
3	46	11	47	17	42	17	48	19	49	20	48	12
4	45	20	48	16	49	18	47	18	50	19	55	29
5	44	20	45	15	50	15	45	17	57	28	56	30
6	43	17	46	14	47	16	46	26	58	27	53	27
7	42	18	43	13	48	23	54	26	55	26	54	28
8	41	25	44	22	55	24	53	23	56	25	51	25
9	60	26	51	21	56	21	52	24	53	24	52	26
10	59	23	52	30	53	22	51	21	54	23	59	23
11	58	24	59	29	54	29	60	22	51	22	60	24
12	57	21	60	28	51	30	59	29	52	21	57	21
13	56	30	57	27	54	27	58	30	59	30	58	22
14	55	27	58	26	51	28	57	27	60	29	5	39
15	54	28	55	23	52	25	56	22	7	38	2	40
16	51	25	56	22	59	26	55	39	8	37	9	37
17	60	26	54	21	60	36	2	40	5	36	10	38
18	59	23	53	35	7	35	1	37	6	31	7	36
19	6	24	2	36	8	34	10	38	4	40	8	35
20	5	21	1	33	1	33	3	35	3	39	5	34
21	4	30	10	34	2	32	2	36	2	39	6	33
22	3	27	9	31	9	31	1	31	1	40	1	32
23	2	28	8	32	10	40	10	32	10	37	2	31
24	1	25	7	39	7	39	9	39	9	38	19	40
25	10	26	6	40	8	38	8	40	8	45	20	49
26	9	33	5	37	5	37	7	47	7	46	17	48
27	8	34	4	38	6	44	16	48	16	43	18	47
28	7	41	3	45	13	43	15	45	15	44	15	46
29	16	42	12	46	14	42	14	46	14	41	16	45
30	15		11	43	11	41	13	43	13	42	13	44
31	14		20		12		12	44		49		43

1953年

日　月	1	2	3	4	5	6	7	8	9	10	11	12
1	42	17	46	14	47	16	45	26	58	27	53	27
2	41	26	43	13	48	23	54	25	55	26	54	28
3	60	25	44	22	55	24	53	24	56	25	51	25
4	59	23	51	21	56	21	52	23	53	24	52	26
5	58	24	52	30	53	22	51	22	54	23	59	23
6	57	21	59	29	54	29	60	21	51	22	60	24
7	56	22	60	28	51	30	59	30	52	21	57	21
8	55	29	57	27	52	27	58	30	59	30	58	22
9	54	28	58	26	59	28	57	27	60	29	5	29
10	53	27	55	25	60	25	56	28	7	38	6	40
11	52	28	56	24	57	26	55	35	8	37	3	37
12	51	33	53	23	58	33	4	36	5	36	4	38
13	10	34	54	32	5	34	3	33	6	35	1	35
14	9	31	1	31	8	31	2	34	3	34	2	36
15	8	32	2	38	5	32	1	31	4	33	9	33
16	5	39	9	37	6	39	10	36	1	32	6	34
17	4	40	9	36	3	31	7	33	2	31	3	31
18	3	37	8	32	4	40	6	34	9	36	4	31
19	10	36	7	39	1	39	5	31	9	35	11	50
20	9	33	6	40	2	38	8	32	18	44	12	49
21	8	34	5	37	5	37	7	49	17	46	19	48
22	7	41	4	38	6	46	16	50	16	43	20	47
23	16	42	3	45	13	45	15	45	15	44	15	46
24	15	49	12	46	14	44	14	46	14	41	16	45
25	14	50	11	43	11	43	13	43	13	42	13	44
26	13	47	20	44	12	42	12	44	12	49	14	43
27	12	48	19	41	19	49	11	41	11	50	11	42
28	11	45	18	42	20	48	20	42	20	47	12	41
29	20		17	49	17	47	19	49	19	48	29	60
30	19		16	50	18	46	18	50	28	55	30	59
31	18		15		15		17	57		56		58

1954年

日　月	1	2	3	4	5	6	7	8	9	10	11	12
1	57	22	59	29	54	29	60	21	51	22	60	24
2	56	21	60	28	51	30	59	30	52	21	57	21
3	55	30	57	27	52	27	58	29	59	30	58	22
4	54	30	58	26	59	28	57	28	60	29	5	39
5	53	27	55	25	60	25	56	27	7	38	6	40
6	52	28	56	24	57	26	57	36	8	37	3	37
7	51	35	53	23	58	33	4	35	5	36	4	38
8	10	36	54	32	5	34	3	33	6	35	1	35
9	9	33	1	31	6	31	2	34	3	34	2	36
10	8	34	2	40	3	32	1	31	4	33	9	33
11	7	31	9	39	4	39	10	32	1	32	10	34
12	6	40	10	38	1	40	9	39	2	31	7	31
13	5	37	7	37	2	37	8	40	9	40	8	32
14	4	38	8	36	1	38	7	37	10	39	15	49
15	3	35	5	33	2	35	6	38	17	48	16	50
16	10	36	6	32	9	36	5	49	18	47	19	47
17	9	43	4	31	10	46	14	50	15	46	20	48
18	18	44	3	45	17	45	11	47	16	45	17	45
19	15	49	12	46	18	44	20	48	14	50	18	45
20	14	50	11	43	15	43	19	45	13	49	15	44
21	13	47	20	44	12	42	12	46	12	48	16	43
22	12	48	19	41	19	41	11	43	11	50	13	42
23	11	45	18	42	20	50	20	42	20	47	12	41
24	20	46	17	49	17	49	19	49	19	48	29	60
25	19	43	16	50	18	48	18	50	28	55	30	59
26	18	44	15	47	15	47	17	57	27	56	27	58
27	17	51	14	48	16	54	26	58	26	53	28	57
28	26	52	13	45	23	53	25	55	25	54	25	56
29	25		22	56	24	52	24	56	24	51	26	55
30	24		21	53	21	51	23	53	23	52	23	54
31	23		30		22		22	54		59		53

1955年

日＼月	1	2	3	4	5	6	7	8	9	10	11	12
1	52	27	56	24	57	26	55	36	8	37	3	37
2	51	36	53	23	58	33	4	35	5	36	4	38
3	10	35	54	32	5	34	3	34	6	35	1	35
4	9	33	1	31	6	31	2	33	3	34	2	36
5	8	34	2	40	3	32	1	32	4	33	9	33
6	7	31	9	39	4	39	10	31	1	32	10	34
7	6	32	10	38	1	40	9	40	2	31	7	31
8	5	39	17	37	2	37	8	40	9	40	8	32
9	4	40	18	36	9	38	7	37	10	39	15	49
10	3	37	15	35	10	35	6	38	17	48	16	50
11	2	38	16	34	7	36	5	45	18	47	13	47
12	1	43	13	43	8	43	14	46	15	46	14	48
13	20	44	14	42	15	44	13	43	16	45	11	45
14	19	41	11	41	18	41	12	44	13	44	12	46
15	18	42	12	48	15	42	11	41	14	43	19	43
16	15	49	19	47	16	49	20	46	11	42	16	44
17	14	50	19	46	13	41	19	43	12	41	13	41
18	13	47	18	42	14	50	16	44	19	50	14	42
19	20	46	17	49	11	49	15	41	19	45	21	60
20	19	43	16	50	12	48	14	42	28	54	22	59
21	18	44	15	47	15	47	17	59	27	53	29	58
22	17	51	14	48	16	56	26	60	26	53	30	57
23	26	52	13	55	23	55	25	55	25	54	25	56
24	25	59	22	56	24	54	24	56	24	51	26	55
25	24	60	21	53	21	53	23	53	23	52	23	54
26	23	57	30	54	22	52	22	54	22	59	24	53
27	22	58	29	51	29	59	21	51	21	60	21	52
28	21	55	28	52	30	58	30	52	30	57	22	51
29	30		27	59	27	57	29	59	29	58	39	10
30	29		26	60	28	56	28	60	38	5	40	9
31	28		25		25		27	7		6		8

1956年

日＼月	1	2	3	4	5	6	7	8	9	10	11	12
1	7	32	10	38	1	40	9	40	2	31	7	31
2	6	31	7	37	2	37	8	39	9	40	8	32
3	5	40	8	36	9	38	7	38	10	39	15	49
4	4	39	5	35	10	35	6	37	17	48	16	50
5	3	37	6	34	7	36	5	46	18	47	13	47
6	2	38	3	33	8	43	14	45	15	46	14	48
7	1	45	4	42	15	44	13	43	16	45	11	45
8	20	46	11	41	16	41	12	44	13	44	12	46
9	19	43	12	50	13	42	11	41	14	43	19	43
10	18	44	19	49	14	49	20	42	11	42	20	44
11	17	41	20	48	11	50	19	49	12	41	17	41
12	16	42	17	47	12	47	18	50	19	50	18	42
13	15	47	18	46	11	48	17	47	20	49	25	59
14	14	48	15	45	12	45	16	48	27	58	26	60
15	13	45	16	42	19	46	15	59	28	57	29	57
16	20	46	14	41	20	53	24	60	25	56	30	58
17	19	53	13	60	27	55	21	57	26	55	27	55
18	28	54	22	56	28	54	30	58	23	60	28	55
19	25	51	21	53	25	53	29	55	23	59	25	54
20	24	60	30	54	22	52	22	56	22	58	26	53
21	23	57	29	51	29	51	21	53	21	60	23	52
22	22	58	28	52	30	60	29	52	30	57	22	51
23	21	55	27	59	27	59	30	59	29	58	9	10
24	30	56	26	60	28	58	28	60	38	5	10	9
25	29	53	25	57	25	57	27	7	37	6	7	8
26	28	54	24	58	26	6	36	8	36	3	8	7
27	27	1	23	5	33	3	35	5	35	4	5	6
28	26	2	32	6	34	2	34	6	34	1	6	5
29	35	9	31	3	31	1	33	3	33	2	3	4
30	34		40	4	32	10	32	4	32	9	4	3
31	33		39		39		31	1		10		2

1957年

日＼月	1	2	3	4	5	6	7	8	9	10	11	12
1	1	46	3	33	8	43	14	45	15	46	14	48
2	20	45	4	42	15	44	13	44	16	45	11	45
3	19	44	11	41	16	41	12	43	13	44	12	46
4	18	44	12	50	13	42	11	42	14	43	19	43
5	17	41	19	49	14	49	20	41	11	42	20	44
6	16	42	20	48	11	50	19	50	12	41	17	41
7	15	49	17	47	12	47	18	49	19	50	18	42
8	14	50	18	46	19	48	17	47	20	49	25	49
9	13	47	15	45	20	45	16	48	27	58	26	60
10	12	48	16	44	17	46	15	55	28	57	23	57
11	11	55	13	43	18	53	24	56	25	56	24	58
12	30	54	14	52	25	54	23	53	26	55	21	55
13	29	51	11	51	26	51	22	54	23	54	22	56
14	28	52	12	60	25	52	21	51	24	53	29	53
15	25	59	19	57	26	59	30	52	21	52	30	54
16	24	60	30	56	23	60	29	53	22	51	23	51
17	23	57	18	55	24	60	26	54	29	60	24	52
18	30	58	17	59	21	59	25	51	30	55	31	10
19	29	53	16	60	22	58	24	52	38	4	32	9
20	28	54	15	57	29	57	27	9	37	3	39	8
21	27	1	14	58	26	6	36	10	36	3	40	7
22	36	2	13	5	33	5	35	7	35	4	37	6
23	35	9	32	6	34	4	34	6	34	1	36	5
24	34	10	31	3	31	3	33	3	33	2	33	4
25	33	7	40	4	32	2	32	4	32	9	34	3
26	32	8	39	1	39	1	31	1	31	10	31	2
27	31	5	38	2	40	8	40	2	40	7	32	1
28	40	6	37	9	37	7	39	9	39	8	49	20
29	39		36	10	38	6	38	10	48	15	50	19
30	38		35	7	35	5	37	17	47	16	47	18
31	37		34		36		36	18		13		17

1958年

日＼月	1	2	3	4	5	6	7	8	9	10	11	12
1	16	41	20	48	11	50	19	50	12	41	17	41
2	15	50	17	47	12	47	18	47	19	50	18	42
3	14	49	18	46	19	48	17	48	20	49	25	59
4	13	47	15	45	20	45	16	47	27	58	26	60
5	12	48	16	44	17	46	15	56	28	57	23	57
6	11	55	13	43	18	53	24	55	25	56	24	58
7	30	56	14	52	25	54	23	54	26	55	21	55
8	29	53	21	51	26	51	22	54	23	54	22	56
9	28	54	22	60	23	52	21	51	24	53	29	53
10	27	51	29	59	24	59	30	52	21	52	30	54
11	26	52	30	58	21	60	29	59	22	51	27	51
12	25	57	27	57	22	57	28	60	29	60	28	52
13	24	58	28	56	29	58	27	57	30	59	35	9
14	23	55	25	55	22	55	26	58	37	8	36	10
15	22	56	26	52	29	56	25	5	38	7	33	7
16	29	3	23	51	30	3	34	10	35	6	40	8
17	38	4	23	10	37	5	33	7	36	5	37	5
18	37	1	32	6	38	4	40	8	33	4	38	5
19	34	10	31	3	35	3	39	5	33	9	35	4
20	33	7	40	4	36	2	38	6	32	8	36	3
21	32	8	39	1	39	1	31	3	31	7	33	2
22	31	5	38	2	40	10	40	4	40	7	34	1
23	40	6	37	9	37	9	39	9	39	8	49	10
24	39	3	36	10	38	8	38	10	48	15	50	9
25	38	4	35	7	35	7	37	17	47	16	47	8
26	37	11	34	8	36	16	46	18	46	13	48	7
27	46	12	33	15	43	13	45	15	45	14	45	6
28	45	19	42	16	44	12	44	16	44	11	46	5
29	44		41	13	41	11	43	13	43	12	43	4
30	43		50	14	42	20	42	14	42	19	44	3
31	42		49		49		41	11		20		2

1959年

日＼月	1	2	3	4	5	6	7	8	9	10	11	12
1	11	56	13	43	18	53	24	55	25	56	24	58
2	30	55	14	52	25	54	23	54	26	55	21	55
3	29	54	21	51	26	51	22	53	23	54	22	56
4	28	54	22	60	23	52	21	52	24	53	29	53
5	27	51	29	59	24	59	30	51	21	52	30	54
6	26	52	30	58	21	60	29	60	22	51	27	51
7	25	59	27	57	22	57	28	59	29	60	28	52
8	24	60	28	56	29	58	27	57	30	59	35	9
9	23	57	25	55	30	55	26	58	37	8	36	10
10	22	58	26	54	27	56	25	5	38	7	33	7
11	21	5	23	53	28	3	34	6	35	6	34	8
12	40	4	24	2	35	4	33	3	36	5	31	5
13	39	1	31	1	36	1	32	4	33	4	32	6
14	38	2	32	10	35	2	31	1	34	3	39	3
15	37	9	39	7	36	9	40	2	31	2	40	4
16	34	10	40	6	33	10	39	3	32	1	33	1
17	33	7	38	5	34	10	38	4	39	10	34	2
18	32	8	37	9	31	9	35	1	40	9	41	19
19	39	3	36	10	32	8	34	2	48	14	42	19
20	38	4	35	7	39	7	33	19	47	13	49	18
21	37	11	34	8	36	16	46	10	46	12	50	17
22	46	12	33	15	43	15	45	17	45	14	47	16
23	45	19	42	16	44	14	44	16	44	11	46	15
24	44	20	41	13	41	13	43	13	43	12	43	14
25	43	17	50	14	42	12	42	14	42	19	44	13
26	42	18	49	11	49	11	41	11	41	20	41	12
27	41	15	48	12	50	18	50	12	50	17	42	11
28	50	12	47	19	47	17	49	19	49	18	59	30
29	49		46	20	48	16	48	10	58	25	60	29
30	48		45	17	45	15	47	17	57	26	57	28
31	47		44		46		56	28		23		27

1960年

日＼月	1	2	3	4	5	6	7	8	9	10	11	12
1	26	51	27	57	22	57	28	59	29	60	28	52
2	25	60	28	56	29	58	27	58	30	59	35	9
3	24	59	25	55	30	55	26	57	37	8	36	10
4	23	58	26	54	27	56	25	6	38	7	33	7
5	22	58	23	53	28	3	34	5	35	6	34	8
6	21	5	24	2	35	4	33	4	36	5	31	5
7	40	6	31	1	36	1	32	4	33	4	32	6
8	39	3	32	10	33	2	31	1	34	3	39	3
9	38	4	39	9	34	9	40	2	31	2	40	4
10	37	1	40	8	31	10	39	9	32	1	37	1
11	36	2	37	7	32	7	38	10	39	10	38	2
12	35	9	38	6	39	8	37	7	40	9	45	19
13	34	8	35	5	32	5	36	8	47	18	46	20
14	33	5	36	4	39	6	35	15	48	17	43	17
15	32	6	33	1	40	13	44	20	45	16	50	18
16	39	13	33	20	47	14	43	17	46	15	47	15
17	48	14	42	19	48	14	50	18	43	14	48	16
18	47	11	41	13	45	13	49	15	44	19	45	14
19	44	12	50	14	46	12	48	16	42	18	46	13
20	43	17	49	11	49	11	41	13	41	17	43	12
21	42	18	48	12	50	20	50	14	50	17	44	11
22	41	15	47	19	47	19	49	19	49	18	59	30
23	50	16	46	20	48	18	48	20	58	25	60	29
24	49	13	45	17	45	17	47	27	57	26	57	28
25	48	14	44	18	46	26	56	28	56	23	58	27
26	47	21	43	25	53	25	55	25	55	24	55	26
27	56	22	52	26	54	22	54	26	54	21	56	25
28	55	29	51	23	51	21	53	23	53	22	53	24
29	54	30	60	24	52	30	52	24	52	29	54	23
30	53		59	21	59	29	51	21	51	30	51	22
31	52		58		60		60	22		27		21

1961年

日＼月	1	2	3	4	5	6	7	8	9	10	11	12
1	40	5	24	2	35	4	33	4	36	5	31	5
2	39	4	31	1	36	1	32	3	33	4	32	6
3	38	3	32	10	33	2	31	2	34	3	39	3
4	37	1	39	9	34	9	40	1	31	2	40	4
5	36	2	40	8	31	10	39	10	32	1	37	1
6	35	9	37	7	32	7	38	9	39	10	38	2
7	34	10	38	6	39	8	37	8	40	9	45	19
8	33	7	35	5	40	5	36	8	47	18	46	20
9	32	8	36	4	37	6	35	15	48	17	43	17
10	31	15	33	3	38	13	44	16	45	16	44	18
11	50	16	34	12	45	14	43	13	46	15	41	15
12	49	11	41	11	46	11	42	14	43	14	42	16
13	48	12	42	20	43	12	41	11	44	13	49	13
14	47	19	49	19	46	19	50	12	41	12	50	14
15	44	20	50	16	43	20	49	19	42	11	47	11
16	43	17	47	15	44	17	48	14	49	20	44	12
17	42	18	47	14	41	19	45	11	50	19	51	29
18	49	15	46	20	42	18	44	12	57	24	52	29
19	48	14	45	17	49	17	43	29	57	23	59	28
20	47	21	44	18	50	26	56	30	56	22	60	27
21	56	22	43	25	53	25	55	27	55	24	57	26
22	55	29	52	26	54	24	54	28	54	21	58	25
23	54	30	51	23	51	23	53	23	53	22	53	24
24	53	27	60	24	52	22	52	24	52	29	54	23
25	52	28	59	21	59	21	51	21	51	30	51	22
26	51	25	58	22	60	30	60	22	60	27	52	21
27	60	26	57	29	57	27	59	29	59	28	9	40
28	59	23	56	30	58	26	58	30	8	35	10	39
29	58		55	27	55	25	57	37	7	36	7	38
30	57		54	28	56	34	6	38	6	33	8	37
31	6		53		3		5	35		34		36

1962年

日＼月	1	2	3	4	5	6	7	8	9	10	11	12
1	35	10	37	7	32	7	38	9	39	10	38	2
2	34	9	38	6	39	8	37	8	40	9	45	19
3	33	8	35	5	40	6	36	7	47	18	46	20
4	32	8	36	4	37	6	35	16	48	17	43	17
5	31	15	33	3	38	13	44	15	45	16	44	18
6	50	16	34	12	45	14	43	14	46	15	41	15
7	49	13	41	11	46	11	42	13	43	14	42	16
8	48	14	42	20	43	12	41	11	44	13	49	13
9	47	11	49	19	44	19	50	12	41	12	50	14
10	46	12	50	18	41	20	49	19	42	11	47	11
11	45	19	47	17	42	17	38	20	49	10	48	12
12	44	18	48	16	49	18	37	17	50	19	55	29
13	43	15	45	15	50	15	46	18	57	28	56	30
14	42	16	46	14	49	16	45	25	58	27	53	27
15	41	23	43	11	50	23	54	26	55	26	54	28
16	58	24	44	30	57	24	53	27	56	25	57	25
17	57	21	52	29	58	24	60	28	53	24	58	26
18	56	22	51	23	55	23	59	25	54	23	55	24
19	53	27	60	24	56	22	58	26	52	28	56	23
20	52	28	59	21	53	21	51	23	51	27	53	22
21	51	25	58	22	60	30	60	24	60	26	54	21
22	60	26	57	29	57	29	59	21	59	27	1	40
23	59	23	56	30	58	28	58	30	8	35	10	39
24	58	24	55	27	55	27	57	37	7	36	7	38
25	57	31	54	28	56	36	6	38	6	33	8	37
26	6	32	53	35	3	35	5	35	5	34	5	36
27	5	39	2	36	4	32	4	36	4	31	6	35
28	4	40	1	33	1	31	3	33	3	32	3	34
29	3		10	34	2	40	2	34	2	39	4	33
30	2		9	31	9	39	1	31	1	40	1	32
31	1		8		10		10	32		37		31

1963年

日＼月	1	2	3	4	5	6	7	8	9	10	11	12
1	50	15	34	12	45	14	43	14	46	15	41	15
2	49	14	41	11	46	11	42	13	43	14	42	16
3	48	13	42	20	43	12	41	12	44	13	49	13
4	47	11	49	19	44	19	50	11	41	12	50	14
5	46	12	50	18	41	20	49	20	42	11	47	11
6	45	19	47	17	42	17	48	19	49	20	48	12
7	44	20	48	16	49	18	47	18	50	19	55	29
8	43	17	45	15	50	15	46	18	57	28	56	30
9	42	18	46	14	47	16	45	25	58	27	53	27
10	41	25	43	13	48	23	54	26	55	26	54	28
11	60	26	44	22	55	24	53	23	56	25	51	25
12	59	21	51	21	56	21	52	24	53	24	52	26
13	58	22	52	30	53	22	51	21	54	23	59	23
14	57	29	59	29	56	29	60	22	51	22	60	24
15	56	30	60	26	53	30	59	29	52	21	57	21
16	53	27	57	25	54	27	58	24	59	30	54	22
17	52	30	57	24	51	29	57	21	60	29	1	39
18	51	25	56	30	52	28	54	22	7	38	2	40
19	58	24	55	27	59	27	53	39	7	33	9	38
20	57	31	54	28	60	36	2	40	6	32	10	37
21	6	32	53	35	3	35	5	37	5	31	7	36
22	5	39	2	36	4	34	4	38	4	31	8	35
23	4	40	1	33	1	33	3	33	3	32	3	34
24	3	37	10	34	2	32	2	34	2	39	4	33
25	2	38	9	31	9	31	1	31	1	40	1	32
26	1	35	8	32	10	40	10	32	10	37	2	31
27	10	36	7	39	7	37	9	39	9	38	19	50
28	9	33	6	40	8	36	8	40	18	45	20	49
29	8		5	37	5	35	7	47	17	46	17	48
30	7		4	38	6	44	16	48	16	43	18	47
31	16		3		13		15	45		44		46

1964年

日＼月	1	2	3	4	5	6	7	8	9	10	11	12
1	45	20	48	16	49	18	47	18	50	19	55	29
2	44	19	45	15	50	15	46	17	57	28	56	30
3	43	18	46	14	47	16	45	26	58	27	53	27
4	42	17	43	13	48	23	54	25	55	26	54	28
5	41	25	44	22	55	24	53	24	56	25	51	25
6	60	26	51	21	56	21	52	23	53	24	52	26
7	59	23	52	30	53	22	51	21	54	23	59	23
8	58	24	59	29	54	29	60	22	51	22	60	24
9	57	21	60	28	51	30	59	29	52	21	57	21
10	56	22	57	27	52	27	58	30	59	30	58	22
11	55	29	58	26	59	28	57	27	60	29	5	39
12	54	30	55	25	60	25	56	28	7	38	6	40
13	53	25	56	24	59	26	55	35	8	37	3	37
14	52	26	53	23	60	33	4	36	5	36	4	38
15	51	33	54	40	7	34	3	37	6	35	7	35
16	8	34	2	39	8	31	2	38	3	34	8	36
17	7	31	1	38	5	33	9	35	4	33	5	33
18	6	32	10	34	6	32	8	36	2	38	6	33
19	3	39	9	31	3	31	7	33	1	37	3	32
20	2	38	8	32	10	40	10	34	10	36	4	31
21	1	35	7	39	7	39	9	31	9	38	11	50
22	10	36	6	40	8	38	8	40	18	45	20	49
23	9	33	5	37	5	37	7	47	17	46	17	48
24	8	34	4	38	6	46	16	48	16	43	18	47
25	7	41	3	45	13	45	15	45	15	44	15	46
26	16	42	12	46	14	44	14	46	14	41	16	45
27	15	49	11	43	11	41	13	43	13	42	13	44
28	14	50	20	44	12	50	12	44	12	49	14	43
29	13	47	19	41	19	49	11	41	11	50	11	42
30	12		18	42	20	48	10	42	20	47	12	41
31	11		17		17		19	49		48		60

1965年

日 \ 月	1	2	3	4	5	6	7	8	9	10	11	12
1	59	24	51	21	56	21	52	23	53	24	52	26
2	58	23	52	30	53	22	51	22	54	23	59	23
3	57	22	59	29	54	29	60	21	51	22	60	24
4	56	22	60	28	51	30	59	30	52	21	57	21
5	55	29	57	27	52	27	58	29	59	30	58	22
6	54	30	58	26	59	28	57	28	60	29	5	39
7	53	27	55	25	60	25	56	27	7	38	6	40
8	52	28	56	24	57	26	55	35	8	37	3	37
9	51	35	53	23	58	33	4	36	5	36	4	38
10	10	36	54	32	5	34	3	33	6	35	1	35
11	9	33	1	31	6	31	2	34	3	34	2	36
12	8	32	2	40	3	32	1	31	4	33	9	33
13	7	39	9	39	4	39	10	32	1	32	10	34
14	6	40	10	38	3	40	9	39	2	31	7	31
15	3	37	7	35	4	37	8	40	9	40	8	32
16	2	38	8	34	1	38	7	31	10	39	11	49
17	1	35	6	33	2	38	4	32	17	48	12	50
18	8	36	5	37	9	37	3	49	18	43	19	48
19	7	41	4	38	10	46	12	50	16	42	20	47
20	16	42	3	45	17	45	15	47	15	43	17	46
21	15	49	12	46	14	44	14	48	14	41	18	45
22	14	50	11	43	11	43	13	45	13	42	15	44
23	13	47	20	44	12	42	12	44	12	49	14	43
24	12	48	19	41	19	41	11	41	11	50	11	42
25	11	45	18	42	20	50	20	42	20	47	12	41
26	20	46	17	49	17	49	19	49	19	48	29	60
27	19	43	16	50	18	46	18	50	28	55	30	59
28	18	44	15	47	15	45	17	57	27	56	27	58
29	17		14	48	16	54	26	58	26	53	28	57
30	26		13	55	23	53	25	55	25	54	25	56
31	25		22		24		24	56		51		55

1966年

日 \ 月	1	2	3	4	5	6	7	8	9	10	11	12
1	54	29	58	26	59	28	57	28	60	29	5	39
2	53	28	55	25	60	25	56	27	7	38	6	40
3	52	27	56	24	57	26	55	36	8	37	3	37
4	51	35	53	23	58	33	4	35	5	36	4	38
5	10	36	54	32	5	34	3	34	6	35	1	35
6	9	33	1	31	6	31	2	33	3	34	2	36
7	8	34	2	40	3	32	1	32	4	33	9	33
8	7	31	9	39	4	39	10	32	1	32	10	34
9	6	32	10	38	1	40	9	39	2	31	7	31
10	5	39	7	37	2	37	8	40	9	40	8	32
11	4	40	8	36	9	38	7	37	10	39	15	49
12	3	35	5	35	10	35	6	38	17	48	16	50
13	2	36	6	34	7	36	5	45	18	47	13	47
14	1	43	3	33	10	43	14	46	15	46	14	48
15	20	44	4	50	17	44	13	43	16	45	11	45
16	17	41	11	49	18	41	12	48	13	44	18	46
17	16	42	11	48	15	43	19	45	14	43	15	43
18	15	49	20	44	16	42	18	46	11	42	16	43
19	12	48	19	41	13	41	17	43	11	47	13	42
20	11	45	18	42	14	50	20	44	20	46	14	41
21	20	46	17	49	17	49	19	41	19	45	21	60
22	19	43	16	50	18	48	18	42	28	55	22	59
23	18	44	15	47	15	47	17	57	27	56	27	58
24	17	51	14	48	16	56	26	58	26	53	28	57
25	26	52	13	55	23	55	25	55	25	54	25	56
26	25	59	22	56	24	54	24	56	24	51	26	55
27	24	60	21	53	21	51	23	53	23	52	23	54
28	23	57	30	54	22	60	22	54	22	59	24	53
29	22		29	51	29	59	21	51	21	60	21	52
30	21		28	52	30	58	30	52	30	57	22	51
31	30		27		27		29	59		60		10

1967年

日　月	1	2	3	4	5	6	7	8	9	10	11	12
1	9	34	1	31	6	31	2	33	3	34	2	36
2	8	33	2	40	3	32	1	32	4	33	9	33
3	7	32	9	39	4	39	10	31	1	32	10	34
4	6	32	10	38	1	40	9	40	2	31	7	31
5	5	39	7	37	2	37	8	39	9	40	8	32
6	4	40	8	36	9	38	7	38	10	39	15	49
7	3	37	5	35	10	35	6	37	17	48	16	50
8	2	38	6	34	7	36	5	45	18	47	13	47
9	1	45	3	33	18	43	14	46	15	46	14	48
10	20	46	4	42	15	44	13	43	16	45	11	45
11	19	43	11	41	16	41	12	44	13	44	12	46
12	18	42	12	50	13	42	11	41	14	43	19	43
13	17	49	19	49	14	49	20	42	11	42	20	44
14	16	50	20	48	13	50	19	49	12	41	17	41
15	15	47	17	45	14	47	16	50	19	50	18	42
16	12	48	18	44	11	48	17	41	20	49	21	59
17	11	45	16	43	12	48	16	42	27	58	22	60
18	20	46	15	47	19	47	13	59	28	57	29	57
19	17	51	14	48	20	56	22	60	26	52	30	57
20	26	52	13	55	27	55	21	57	25	51	27	55
21	25	59	22	56	24	54	24	58	24	60	28	56
22	24	60	21	53	21	53	23	55	23	52	25	54
23	23	57	30	54	22	52	22	54	22	59	24	53
24	22	58	29	51	29	51	21	51	21	60	21	52
25	21	55	28	52	30	60	30	52	30	57	22	51
26	30	56	27	59	27	59	29	59	29	58	39	10
27	29	53	26	60	28	56	28	60	38	5	40	9
28	28	54	25	57	25	55	27	7	37	6	37	8
29	27		24	58	26	4	36	8	36	3	38	7
30	36		23	5	33	3	35	5	35	4	35	6
31	35		32		34		34	6		1		5

1968年

日　月	1	2	3	4	5	6	7	8	9	10	11	12
1	4	39	5	35	10	35	6	37	17	48	16	50
2	3	38	6	34	7	36	5	46	18	47	13	47
3	2	37	3	33	8	43	14	45	15	46	14	48
4	1	46	4	42	15	44	13	44	16	45	11	45
5	20	46	11	41	16	41	12	43	13	44	12	46
6	19	43	12	50	13	42	11	42	14	43	19	43
7	18	44	19	49	14	49	20	42	11	42	20	44
8	17	41	20	48	11	50	19	49	12	41	17	41
9	16	42	17	47	12	47	18	50	19	50	18	42
10	15	49	18	46	19	48	17	47	20	49	25	59
11	14	50	15	45	20	45	16	48	27	58	26	60
12	13	47	16	44	17	46	15	55	28	57	23	57
13	12	46	13	43	20	53	24	56	25	56	24	58
14	11	53	14	52	27	54	23	53	26	55	21	55
15	30	54	21	59	28	51	22	58	23	54	28	56
16	27	51	21	58	25	52	21	55	24	53	25	53
17	26	52	30	57	26	52	28	56	21	52	26	54
18	25	59	29	51	23	51	27	53	21	57	23	52
19	22	60	28	52	24	60	26	54	30	56	24	51
20	21	55	27	59	27	59	29	51	29	55	31	10
21	30	56	26	60	28	58	28	52	38	5	32	9
22	29	53	25	57	25	57	27	7	37	6	37	8
23	28	54	24	58	26	6	36	8	36	3	38	7
24	27	1	23	5	33	5	35	5	35	4	35	6
25	36	2	32	6	34	4	34	6	34	1	36	5
26	35	9	31	3	31	3	33	3	33	2	33	4
27	34	10	40	4	32	10	32	4	32	9	34	3
28	33	7	39	1	39	9	31	1	31	10	31	2
29	32	8	38	2	40	8	40	2	40	7	32	1
30	31		37	9	37	7	39	9	39	8	49	10
31	40		36		38		38	10		15		19

1969年

日　月	1	2	3	4	5	6	7	8	9	10	11	12
1	18	43	12	50	13	42	11	42	14	43	19	43
2	17	42	19	49	14	49	20	41	11	42	20	44
3	16	41	20	48	11	50	19	50	12	41	17	41
4	15	49	17	47	12	47	18	49	19	50	18	42
5	14	50	12	46	19	48	17	48	20	49	25	59
6	13	47	15	45	20	45	16	47	27	58	26	60
7	12	48	16	44	17	46	15	56	28	57	23	57
8	11	55	13	43	18	53	24	56	25	56	24	58
9	30	56	14	52	25	54	23	53	26	55	21	55
10	29	53	21	51	26	51	22	54	23	54	22	56
11	28	54	22	60	23	52	21	51	24	53	29	53
12	27	59	29	59	24	59	30	52	21	52	30	54
13	26	60	30	58	21	60	29	59	22	51	27	51
14	25	57	27	57	24	57	28	60	29	60	28	52
15	22	58	28	54	21	58	27	57	30	59	31	9
16	21	55	25	53	22	55	26	52	37	8	32	10
17	30	56	25	52	29	57	23	9	38	7	39	7
18	27	3	24	58	30	6	32	10	35	2	40	7
19	26	2	23	5	37	5	31	7	35	1	37	6
20	35	9	32	6	38	4	34	8	34	10	38	5
21	34	10	31	3	31	3	33	5	33	2	35	4
22	33	7	40	4	32	2	32	6	32	9	34	3
23	32	8	39	1	39	1	31	1	31	2	31	2
24	31	5	38	2	40	10	40	2	40	7	32	1
25	40	6	37	9	37	9	39	9	39	8	49	20
26	39	3	36	10	38	8	38	10	48	15	50	19
27	38	4	35	7	35	5	37	17	47	16	47	18
28	37	11	34	8	36	14	46	18	46	13	48	17
29	46		33	15	43	13	45	15	45	14	45	16
30	45		42	16	44	12	44	16	44	11	46	15
31	44		41		41		43	13		12		14

1970年

日　月	1	2	3	4	5	6	7	8	9	10	11	12
1	13	48	15	45	20	45	16	47	27	58	26	60
2	12	47	16	44	17	46	15	56	28	57	23	57
3	11	46	13	43	18	53	24	55	25	56	24	58
4	30	56	14	52	25	54	23	54	26	55	21	55
5	29	53	21	51	26	51	22	53	23	54	22	56
6	28	54	22	60	23	52	21	52	24	53	29	53
7	27	51	29	59	24	59	30	51	21	52	30	54
8	26	52	30	58	21	60	29	59	22	51	27	51
9	25	59	27	57	22	57	28	60	29	60	28	52
10	24	60	28	56	29	58	27	57	30	59	35	9
11	23	57	25	55	30	55	26	58	37	8	36	10
12	22	56	26	54	27	56	25	5	38	7	33	7
13	21	3	23	53	28	3	34	6	35	6	34	8
14	40	4	24	2	37	4	33	3	36	5	31	5
15	39	1	31	9	38	1	32	4	33	4	32	6
16	36	2	32	8	35	2	31	5	34	3	35	3
17	35	9	40	7	36	2	38	6	31	2	36	4
18	34	10	39	1	33	1	37	3	32	1	33	2
19	31	5	38	2	34	10	36	4	40	6	34	1
20	40	6	37	9	31	9	39	1	39	5	41	20
21	39	3	36	10	38	8	38	2	48	14	42	19
22	38	4	35	7	35	7	37	19	47	16	49	18
23	37	11	34	8	36	16	46	18	46	13	48	17
24	46	12	33	15	43	15	45	15	45	14	45	16
25	45	19	42	16	44	14	44	16	44	11	46	15
26	44	20	41	13	41	13	43	13	43	12	43	14
27	43	17	50	14	42	10	42	14	42	19	44	13
28	42	18	49	11	49	19	41	11	41	20	41	12
29	41		48	12	50	18	50	12	50	17	42	11
30	50		47	19	47	17	49	19	49	18	59	30
31	49		46		48		48	20		25		29

1971年

日＼月	1	2	3	4	5	6	7	8	9	10	11	12
1	28	53	22	60	23	52	21	52	24	53	29	53
2	27	52	29	59	24	59	30	51	21	52	30	54
3	26	51	30	58	21	60	29	60	22	51	27	51
4	25	59	27	57	22	57	28	59	29	60	28	52
5	24	60	22	56	29	58	27	58	30	59	35	9
6	23	57	25	55	30	55	26	57	37	8	36	10
7	22	58	26	54	27	56	26	6	38	7	33	7
8	21	5	23	53	28	3	34	6	35	6	34	8
9	40	6	24	2	35	4	33	3	36	5	31	5
10	39	3	31	1	36	1	32	4	33	4	32	6
11	38	4	32	10	33	2	31	1	34	3	39	3
12	37	9	39	9	34	9	40	2	31	2	40	4
13	36	10	40	8	31	10	39	9	32	1	37	1
14	35	7	37	7	34	7	38	10	39	10	38	2
15	34	8	38	4	31	8	37	7	40	9	45	19
16	31	5	35	3	32	5	36	2	47	18	42	20
17	40	6	35	2	39	7	35	19	48	17	49	17
18	39	13	34	8	40	16	42	20	45	16	50	18
19	46	12	33	15	47	15	41	17	45	11	47	16
20	45	19	42	16	48	14	50	18	44	10	48	15
21	44	20	41	13	41	13	43	15	43	19	45	14
22	43	17	50	14	42	12	42	16	42	19	46	13
23	42	18	49	11	49	11	41	11	41	20	41	12
24	41	15	48	12	50	10	50	12	50	17	42	11
25	50	16	47	19	47	19	49	19	49	18	59	30
26	49	13	46	20	48	18	48	20	58	25	60	29
27	48	14	45	17	45	15	47	27	57	26	57	28
28	47	21	44	18	46	24	56	28	56	23	58	27
29	56		43	25	53	23	55	25	55	24	55	26
30	55		52	26	54	22	54	26	54	21	56	25
31	54		51		51		53	23		22		24

1972年

日＼月	1	2	3	4	5	6	7	8	9	10	11	12
1	23	58	26	54	27	56	25	6	38	7	33	7
2	22	57	23	53	28	3	34	5	35	6	34	8
3	21	6	24	2	25	4	33	4	36	5	31	5
4	40	5	21	1	36	1	32	3	33	4	32	6
5	39	3	32	10	33	2	31	2	34	3	39	3
6	38	4	39	9	34	9	39	1	31	2	40	4
7	37	1	40	8	31	10	39	9	32	1	37	1
8	36	2	37	7	32	7	38	10	39	10	38	2
9	35	9	38	6	39	8	37	7	40	9	45	19
10	34	10	35	5	40	5	36	8	47	18	46	20
11	33	7	36	4	37	6	35	15	48	17	43	17
12	32	8	33	3	38	13	44	16	45	16	44	18
13	31	13	34	12	47	14	43	13	46	15	41	15
14	50	14	41	11	48	11	42	14	43	14	42	16
15	49	11	42	18	45	12	41	15	44	13	45	13
16	46	12	50	17	46	12	50	16	41	12	46	14
17	45	19	49	16	43	11	47	13	42	11	43	11
18	44	20	48	12	44	20	46	14	50	16	44	11
19	41	17	47	19	41	19	45	11	49	15	51	30
20	50	16	46	20	48	18	48	12	58	24	52	29
21	49	13	45	17	45	17	47	29	57	26	59	28
22	48	14	44	18	46	26	56	28	56	23	58	27
23	47	21	43	25	53	25	55	25	55	24	55	26
24	56	22	52	26	54	24	54	26	54	21	56	25
25	55	29	51	23	51	23	53	23	53	22	53	24
26	54	30	60	24	52	30	52	24	52	29	54	23
27	53	27	59	21	59	29	51	21	51	30	51	22
28	52	28	58	22	60	28	60	22	60	27	52	21
29	51	25	57	29	57	27	59	29	59	28	9	40
30	60		56	30	58	26	58	30	8	35	10	39
31	59		55		55		57	37		36		38

1973年

日＼月	1	2	3	4	5	6	7	8	9	10	11	12
1	37	2	39	9	34	9	40	1	31	2	40	4
2	36	1	40	8	31	10	39	10	32	1	37	1
3	35	10	37	7	32	7	38	9	39	10	38	2
4	34	10	38	6	39	8	37	8	40	9	45	19
5	33	7	39	5	40	5	36	7	47	18	46	20
6	32	8	36	4	37	6	35	16	48	17	43	17
7	31	15	33	3	38	13	44	15	45	16	44	18
8	50	16	34	12	45	14	43	13	46	15	41	15
9	49	13	41	11	46	11	42	14	43	14	42	16
10	48	14	42	20	43	12	41	11	44	13	49	13
11	47	11	49	19	44	19	50	12	41	12	50	14
12	46	20	50	18	41	20	49	19	42	11	47	11
13	45	17	47	17	42	17	48	20	49	10	48	12
14	44	18	48	16	41	18	47	17	50	19	55	29
15	41	15	45	13	42	15	46	18	57	28	52	30
16	50	16	46	12	49	16	45	29	58	27	59	27
17	49	23	44	11	50	26	52	30	55	26	60	28
18	56	24	43	25	57	25	51	27	56	21	57	26
19	55	29	52	26	58	24	60	28	54	30	58	25
20	54	30	51	23	55	23	53	25	53	29	55	24
21	53	27	60	24	52	22	52	26	52	29	56	23
22	52	28	59	21	59	21	51	23	51	30	51	22
23	51	25	58	22	60	30	60	22	60	27	52	32
24	60	26	57	29	57	29	59	29	59	28	9	40
25	59	23	56	30	58	28	58	30	8	35	10	39
26	58	24	55	27	55	27	57	37	7	36	7	38
27	57	31	54	28	56	34	6	38	6	33	8	37
28	6	32	53	35	3	33	5	35	5	34	5	36
29	5		2	36	4	32	4	36	4	31	6	35
30	4		1	33	1	31	3	33	3	32	3	34
31	3		10		2		2	34		39		33

1974年

日＼月	1	2	3	4	5	6	7	8	9	10	11	12
1	32	7	36	4	37	6	35	16	48	17	43	17
2	31	16	33	3	38	13	44	15	45	16	44	18
3	50	15	34	12	45	14	43	14	46	15	41	15
4	49	13	41	11	46	11	42	13	43	14	42	16
5	48	14	46	20	43	12	41	12	44	13	49	13
6	47	11	49	19	44	19	50	11	41	12	50	14
7	46	12	50	18	41	20	49	20	42	11	47	11
8	45	19	47	17	42	17	48	20	49	10	48	12
9	44	20	48	16	49	18	47	17	50	19	55	29
10	43	17	45	15	50	15	46	18	57	28	56	30
11	42	18	46	14	47	16	45	25	58	27	53	27
12	41	23	43	13	48	23	54	26	55	26	54	28
13	60	24	44	22	55	24	53	23	56	25	51	25
14	59	21	51	21	58	21	52	24	53	24	52	26
15	58	22	52	28	55	22	51	21	54	23	59	23
16	55	29	59	27	56	29	60	26	51	22	56	24
17	54	30	59	26	53	21	57	23	52	21	53	21
18	53	27	58	22	54	30	56	24	59	30	54	21
19	60	26	57	29	51	29	55	21	59	25	1	40
20	59	23	56	30	52	28	58	22	8	34	2	39
21	58	24	55	27	55	27	57	39	7	33	9	38
22	57	31	54	28	56	36	6	40	6	33	10	37
23	6	32	53	35	3	35	5	35	5	34	5	36
24	5	39	2	36	4	34	4	36	4	31	6	35
25	4	40	1	33	1	33	3	33	3	32	3	34
26	3	37	10	34	2	32	2	34	2	39	4	33
27	2	38	9	31	9	39	1	31	1	40	1	32
28	1	35	8	32	10	38	10	32	10	37	2	31
29	10		7	39	7	37	9	39	9	38	19	50
30	9		6	40	8	36	8	40	18	45	20	49
31	8		5		5		7	47		46		48

1975年

日＼月	1	2	3	4	5	6	7	8	9	10	11	12
1	47	12	49	19	44	19	50	11	41	12	50	14
2	46	11	50	18	41	20	49	20	42	11	47	11
3	45	20	47	17	42	17	48	19	49	20	48	12
4	44	20	48	16	49	18	47	18	50	19	55	29
5	43	17	49	15	50	15	46	17	57	28	56	30
6	42	18	46	14	47	16	45	26	58	27	53	27
7	41	25	43	13	48	23	53	25	55	26	54	28
8	60	26	44	22	55	24	53	23	56	25	51	25
9	59	23	51	21	56	21	52	24	53	24	52	26
10	58	24	52	30	53	22	51	21	54	23	59	23
11	57	21	59	29	54	29	60	22	51	22	60	24
12	56	30	60	28	51	30	59	29	52	21	57	21
13	55	27	57	27	52	27	58	30	59	20	58	22
14	54	28	58	26	51	28	57	27	60	29	5	39
15	53	25	55	23	52	25	56	28	7	38	6	40
16	60	26	56	22	59	26	55	39	8	37	9	37
17	59	33	54	21	60	36	4	40	5	36	10	38
18	8	34	53	35	7	35	1	37	6	35	7	35
19	5	39	2	36	8	34	10	38	4	40	8	35
20	4	40	1	33	5	33	9	35	3	39	5	34
21	3	37	10	34	2	32	2	36	2	38	6	33
22	2	38	9	31	9	31	1	33	1	40	3	32
23	1	35	8	32	10	40	10	32	10	37	2	31
24	10	36	7	39	7	39	9	39	9	38	19	50
25	9	33	6	40	8	38	8	40	18	45	20	49
26	8	34	5	37	5	37	7	47	17	46	17	48
27	7	41	4	38	6	44	16	48	16	43	18	47
28	16	42	3	45	13	43	15	45	15	44	15	46
29	15		12	46	14	42	14	46	14	41	16	45
30	14		11	43	11	41	13	43	13	42	13	44
31	13		20		12		12	44		49		43

1976年

日＼月	1	2	3	4	5	6	7	8	9	10	11	12
1	42	17	43	13	48	23	54	25	55	26	54	28
2	41	26	44	22	55	24	53	24	56	25	51	25
3	50	25	51	21	56	21	52	23	53	24	52	26
4	59	24	52	30	53	22	51	22	54	23	59	23
5	58	24	59	29	54	29	60	21	51	22	60	24
6	57	21	60	28	51	30	60	30	52	21	57	21
7	56	22	37	27	52	27	58	30	59	30	58	22
8	55	29	38	26	59	28	57	27	60	29	5	39
9	54	30	55	25	60	25	56	28	7	28	6	40
10	53	27	56	24	57	26	55	35	8	37	3	37
11	52	28	53	23	58	33	4	36	5	36	4	38
12	51	35	54	32	5	34	3	33	6	35	1	35
13	10	34	1	31	8	31	2	34	3	34	2	36
14	9	31	2	40	5	32	1	31	4	33	9	33
15	8	32	9	37	6	39	10	36	1	32	6	34
16	5	39	9	36	3	31	9	33	2	31	3	31
17	4	40	8	35	4	40	6	34	9	40	4	32
18	3	37	7	39	1	39	5	31	9	35	11	50
19	10	38	6	40	2	38	4	32	18	44	12	49
20	9	33	5	37	5	37	7	49	17	43	19	48
21	8	34	4	38	6	46	16	50	16	43	20	47
22	7	41	3	45	13	45	15	45	15	44	15	46
23	16	42	12	46	14	44	14	46	14	41	16	45
24	15	49	11	43	11	43	13	43	13	42	13	44
25	14	50	20	44	12	42	12	44	12	49	14	43
26	13	47	19	41	19	49	11	41	11	50	11	42
27	12	48	18	42	20	48	20	42	20	47	12	41
28	11	45	17	49	17	47	19	49	19	48	29	60
29	20	46	16	50	18	46	18	50	28	55	30	59
30	19		15	47	15	45	17	57	27	56	27	58
31	18		14		16		26	58		53		57

1977年

日＼月	1	2	3	4	5	6	7	8	9	10	11	12
1	56	21	60	28	51	30	59	30	52	21	57	21
2	55	30	57	27	52	27	58	29	59	30	58	22
3	54	29	58	26	59	28	57	28	60	29	5	29
4	53	27	55	25	60	25	56	27	7	28	6	40
5	52	28	60	24	57	26	55	36	8	27	3	37
6	51	25	53	23	58	33	4	35	5	26	4	38
7	10	36	54	32	5	34	3	34	6	25	1	35
8	9	33	1	31	6	31	2	34	3	24	2	36
9	8	34	2	40	3	32	1	31	4	23	9	33
10	7	31	9	39	4	39	10	32	1	22	10	34
11	6	32	10	38	1	40	9	39	2	21	7	31
12	5	37	7	37	2	37	8	40	9	40	8	32
13	4	38	8	36	9	38	7	37	10	39	15	49
14	3	35	5	35	2	35	6	38	17	48	16	50
15	10	36	6	32	9	36	5	45	18	47	19	47
16	9	33	3	31	10	43	14	50	15	46	20	48
17	18	44	3	50	17	45	11	47	16	45	17	45
18	15	41	12	46	18	44	20	48	13	50	18	45
19	14	50	11	43	15	43	19	45	13	49	15	44
20	13	47	20	44	16	42	12	46	12	48	16	43
21	12	48	19	41	19	41	11	43	11	50	13	42
22	11	45	18	42	20	50	20	44	20	47	12	41
23	10	46	17	49	17	49	19	49	19	48	29	60
24	19	43	16	50	18	48	18	50	28	55	30	59
25	18	44	15	47	15	47	17	57	27	56	27	58
26	17	51	14	48	16	56	26	58	26	53	28	57
27	26	52	13	55	23	53	25	55	25	54	25	56
28	25	59	12	56	24	52	24	56	24	51	26	55
29	24		11	53	21	51	23	53	23	52	23	54
30	23		30	54	22	60	22	54	22	59	24	53
31	22		29		29		21	51		60		52

1978年

日＼月	1	2	3	4	5	6	7	8	9	10	11	12
1	51	36	53	23	58	33	4	35	5	36	4	38
2	10	35	54	32	5	34	3	34	6	35	1	35
3	9	34	1	31	6	31	2	33	3	34	2	36
4	8	34	2	40	3	32	1	32	4	33	9	33
5	7	31	3	39	4	39	10	31	1	32	10	34
6	6	32	10	38	1	40	9	40	2	31	7	31
7	5	39	7	37	2	37	8	39	9	40	8	32
8	4	40	8	36	9	38	7	37	10	39	15	49
9	3	37	5	35	10	35	6	38	17	48	16	50
10	2	38	6	34	7	36	5	45	18	47	13	47
11	1	45	3	33	8	43	14	46	15	46	14	48
12	20	44	4	42	15	44	13	43	16	45	11	45
13	19	41	11	41	16	41	12	44	13	44	12	46
14	18	42	12	50	15	42	11	41	14	43	19	43
15	17	49	19	47	16	49	20	42	11	42	20	44
16	14	50	20	46	13	50	19	43	12	41	13	41
17	13	47	18	45	14	50	16	44	19	50	14	42
18	12	48	17	49	11	49	15	41	20	49	21	60
19	19	43	16	50	12	48	14	42	28	54	22	59
20	18	44	15	47	19	47	17	59	27	53	29	58
21	17	51	14	48	16	56	26	60	26	52	30	57
22	26	52	13	55	23	55	25	57	25	54	27	56
23	25	59	22	56	24	54	24	56	24	51	26	55
24	24	60	21	53	21	53	23	53	23	52	23	54
25	23	57	30	54	22	52	22	54	22	59	24	53
26	22	58	29	51	29	51	21	51	21	60	21	52
27	21	55	28	52	30	58	30	52	30	57	22	51
28	30	56	27	59	27	57	29	59	29	58	39	10
29	29		26	60	28	56	28	60	38	5	40	9
30	28		25	57	25	55	27	7	37	6	37	8
31	27		24		26		26	8		3		7

1979年

日＼月	1	2	3	4	5	6	7	8	9	10	11	12
1	6	31	10	38	1	40	9	40	2	31	7	31
2	5	40	7	37	2	37	8	39	9	40	8	32
3	4	39	8	36	9	38	7	38	10	39	15	49
4	3	37	5	35	10	35	6	37	17	48	16	50
5	2	38	10	34	7	36	5	46	18	47	13	47
6	1	45	3	33	8	43	14	45	15	46	14	48
7	20	46	4	42	15	44	14	44	16	45	11	45
8	19	43	11	41	16	41	12	44	13	44	12	46
9	18	44	12	50	13	42	11	41	14	43	19	43
10	17	41	19	49	14	49	20	42	11	42	20	44
11	16	42	20	48	11	50	19	49	12	41	17	41
12	15	47	17	47	12	47	18	50	19	50	18	42
13	14	48	18	46	19	48	17	47	20	49	25	59
14	13	45	15	45	12	45	16	48	27	58	26	60
15	12	46	16	42	19	46	15	55	28	57	23	57
16	19	53	13	41	20	53	24	60	25	56	30	58
17	28	54	13	60	27	55	23	57	26	55	27	55
18	27	51	22	56	28	54	30	58	23	54	28	56
19	24	60	21	53	25	53	29	55	23	59	25	54
20	23	57	30	54	26	52	28	56	22	58	26	53
21	22	58	29	51	29	51	21	53	21	57	23	52
22	21	55	28	52	30	60	30	54	30	57	24	51
23	30	56	27	59	27	59	29	59	29	58	39	10
24	29	53	26	60	28	58	28	60	38	5	40	9
25	28	54	25	57	25	57	27	7	37	6	37	8
26	27	1	24	58	26	6	36	8	36	3	38	7
27	36	2	23	5	33	3	35	5	35	4	35	6
28	35	9	32	6	34	2	34	6	34	1	36	5
29	34		31	3	31	1	33	3	33	2	33	4
30	33		40	4	32	10	32	4	32	9	34	3
31	32		39		39		31	1		10		2

1980年

日＼月	1	2	3	4	5	6	7	8	9	10	11	12
1	1	46	4	42	15	44	13	44	16	45	11	45
2	20	45	11	41	16	41	12	43	13	44	12	46
3	19	44	12	50	13	42	11	42	14	43	19	43
4	18	43	19	49	14	49	20	41	11	42	20	44
5	17	41	20	48	11	50	19	50	12	41	17	41
6	16	42	17	47	12	47	17	49	19	50	18	42
7	15	49	18	46	19	48	17	47	20	49	25	59
8	14	50	15	45	20	45	16	48	27	58	26	60
9	13	47	16	44	17	46	15	55	28	57	23	57
10	12	48	13	43	18	53	24	56	25	56	24	58
11	11	55	14	52	25	54	23	53	26	55	21	55
12	30	56	21	51	26	51	22	54	23	54	22	56
13	29	51	22	60	25	52	21	51	24	53	29	53
14	28	52	29	57	26	59	30	52	21	52	30	54
15	27	59	30	56	23	60	29	53	22	51	23	51
16	24	60	28	55	24	60	28	54	29	60	24	52
17	23	57	27	59	21	59	25	51	30	59	31	9
18	22	58	26	60	22	58	24	52	38	4	32	9
19	29	55	25	57	29	57	23	9	37	3	39	8
20	28	54	24	58	26	6	36	10	36	2	40	7
21	27	1	23	5	33	5	35	7	35	4	37	6
22	36	2	32	6	34	4	34	6	34	1	36	5
23	35	9	31	3	31	3	33	3	33	2	33	4
24	34	10	40	4	32	2	32	4	32	9	34	3
25	33	7	39	1	39	1	31	1	31	10	31	2
26	32	8	38	2	40	8	40	2	40	7	32	1
27	31	5	37	9	37	7	39	9	39	8	49	20
28	40	6	36	10	38	6	38	10	48	15	50	19
29	39	3	35	7	35	5	37	17	47	16	47	18
30	38		34	8	36	14	46	18	46	13	48	17
31	37		33		33		45	15		14		16

1981年

日 \ 月	1	2	3	4	5	6	7	8	9	10	11	12
1	15	50	17	47	12	47	18	49	9	50	18	42
2	14	49	18	46	19	48	17	48	10	49	25	59
3	13	48	15	45	20	45	16	47	27	58	26	60
4	12	48	16	44	17	46	15	56	28	57	23	57
5	11	55	17	43	18	53	24	55	25	56	24	58
6	30	56	14	52	25	54	23	54	26	55	21	55
7	29	53	21	51	26	51	22	54	23	54	22	56
8	28	54	22	60	23	52	21	51	24	53	29	53
9	27	51	29	59	24	59	30	52	21	52	30	54
10	26	52	30	58	21	60	29	59	22	51	27	51
11	25	59	27	57	22	57	28	60	29	60	28	52
12	24	58	28	56	29	58	27	57	30	59	35	9
13	23	55	25	55	22	55	26	58	37	8	36	10
14	22	56	26	54	29	56	25	5	38	7	33	7
15	21	3	23	51	30	3	34	10	35	6	40	8
16	38	4	24	10	37	4	33	7	36	5	37	5
17	37	1	32	9	38	4	40	8	33	4	38	6
18	36	2	31	3	35	3	39	5	34	9	35	4
19	33	7	40	4	36	2	38	6	32	8	36	3
20	32	8	39	1	39	1	31	3	31	7	33	2
21	31	5	38	2	40	10	40	4	40	7	34	1
22	40	6	37	9	37	9	39	9	39	8	49	20
23	39	3	36	10	38	8	38	10	48	15	50	19
24	38	4	35	7	35	7	37	17	47	16	47	18
25	37	11	34	8	36	16	46	18	46	13	48	17
26	46	12	33	15	43	15	45	15	45	14	45	16
27	45	19	42	16	44	12	44	16	44	11	46	15
28	44	20	41	13	41	11	43	13	43	12	43	14
29	43		50	14	42	20	42	14	42	19	44	13
30	42		49	11	49	19	41	11	41	20	41	12
31	41		48		50		50	12		17		11

1982年

日 \ 月	1	2	3	4	5	6	7	8	9	10	11	12
1	30	55	14	52	25	54	23	54	26	55	21	55
2	29	54	21	51	26	51	22	53	23	54	22	56
3	28	53	22	60	23	52	21	52	24	53	29	53
4	27	51	29	59	24	59	30	51	21	52	30	54
5	26	52	24	58	21	60	29	60	22	51	27	51
6	25	59	27	57	22	57	28	59	29	60	28	52
7	24	60	28	56	29	56	27	58	30	59	35	9
8	23	57	25	55	30	55	26	58	37	8	36	10
9	22	58	26	54	27	56	25	5	38	7	33	7
10	21	5	23	53	28	3	34	6	35	6	34	8
11	40	6	24	2	35	4	33	3	36	5	31	5
12	39	1	31	1	36	1	32	4	33	4	32	6
13	38	2	32	10	33	2	31	1	34	3	39	3
14	37	9	39	9	36	9	40	2	31	2	40	4
15	36	10	40	6	33	10	39	9	32	1	37	1
16	33	7	37	5	34	7	38	4	39	10	34	2
17	32	8	37	4	31	9	35	1	40	9	41	19
18	31	5	36	10	32	8	34	2	47	14	42	19
19	38	4	35	7	39	7	33	19	47	13	49	18
20	37	11	34	8	40	16	46	20	46	12	50	17
21	46	12	33	15	43	15	45	17	45	14	47	16
22	45	19	42	16	44	14	44	18	44	11	48	15
23	44	20	41	13	41	13	43	13	43	12	43	14
24	43	17	50	14	42	12	42	14	42	19	44	13
25	42	18	49	11	49	11	41	11	41	20	41	12
26	41	15	48	12	50	20	50	12	50	17	42	11
27	50	16	47	19	47	17	49	20	49	18	59	30
28	49	13	46	20	48	16	48	18	58	25	60	29
29	48		45	17	45	15	47	27	57	26	57	28
30	47		44	18	46	24	46	28	56	23	58	27
31	56		43		53		55	25		24		26

1983年

日＼月	1	2	3	4	5	6	7	8	9	10	11	12
1	25	60	27	57	22	57	28	59	29	60	28	52
2	24	59	28	56	29	58	27	58	30	59	35	9
3	23	58	25	55	30	55	26	57	37	8	36	10
4	22	58	26	54	27	56	25	6	38	7	33	7
5	21	5	27	53	28	3	34	5	35	6	34	8
6	40	6	24	2	35	4	33	4	36	5	31	5
7	39	3	31	1	36	1	31	3	33	4	32	6
8	38	4	32	10	33	2	31	1	34	3	39	3
9	37	1	39	9	34	9	40	2	31	2	40	4
10	36	2	40	8	31	10	39	9	32	1	37	1
11	35	9	37	7	32	7	38	10	39	10	38	2
12	34	8	38	6	39	8	37	7	40	9	45	9
13	33	5	35	5	40	5	36	8	47	18	46	20
14	32	6	36	4	39	6	35	15	48	17	43	17
15	31	13	33	1	40	13	44	16	45	16	44	18
16	48	14	34	20	47	14	43	17	46	15	47	15
17	47	11	42	19	48	14	42	18	43	14	48	16
18	46	12	41	13	45	13	49	15	44	13	45	13
19	43	17	50	14	46	12	48	16	42	18	46	13
20	42	18	49	11	43	11	47	13	41	17	43	12
21	41	15	48	12	50	20	50	14	50	16	44	11
22	50	16	47	19	47	19	49	11	49	18	51	30
23	49	13	46	20	48	18	48	20	58	25	60	29
24	48	14	45	17	45	17	47	27	57	26	57	28
25	47	21	44	18	46	26	56	28	56	23	58	27
26	56	22	43	25	53	25	55	25	55	24	55	26
27	55	29	52	26	54	22	54	26	54	21	56	25
28	54	30	51	23	51	21	53	23	53	22	53	24
29	53		60	24	52	30	52	24	52	29	54	23
30	52		59	21	59	29	51	21	51	30	51	22
31	51		58		60		60	22		27		21

1984年

日＼月	1	2	3	4	5	6	7	8	9	10	11	12
1	40	5	31	1	36	1	32	3	33	4	32	6
2	39	4	32	10	33	2	31	2	34	3	39	3
3	38	3	39	9	34	9	40	1	31	2	40	4
4	37	2	40	8	31	10	39	10	32	1	37	1
5	36	2	37	7	32	7	38	9	39	10	38	2
6	35	9	38	6	39	8	38	8	40	9	45	19
7	34	10	35	5	40	5	36	8	47	18	46	20
8	33	7	36	4	37	6	35	15	48	17	43	17
9	32	8	33	3	38	13	44	16	45	16	44	18
10	31	15	34	12	45	14	43	13	46	15	41	15
11	50	16	41	11	46	11	42	14	43	14	42	16
12	49	13	42	20	43	12	41	11	44	13	49	13
13	48	12	49	19	46	19	50	12	41	12	50	14
14	47	19	50	16	43	20	49	19	42	11	47	11
15	46	12	47	15	44	17	48	14	49	20	44	12
16	43	17	47	14	41	19	47	11	50	19	51	29
17	42	18	46	20	42	18	44	12	57	28	52	30
18	41	15	45	17	49	17	43	29	57	23	59	28
19	48	16	44	18	50	26	52	30	56	22	60	27
20	47	21	43	25	53	25	55	27	55	21	57	26
21	56	22	52	26	54	24	54	28	54	21	58	25
22	55	29	51	23	51	23	53	23	53	22	53	24
23	54	30	60	24	52	22	52	24	52	29	54	23
24	53	27	59	21	59	21	51	21	51	30	51	22
25	52	28	58	22	60	30	60	22	60	27	52	21
26	51	25	57	29	57	27	59	29	59	28	9	40
27	60	26	56	30	58	26	58	30	8	35	10	39
28	59	23	55	27	55	25	57	37	7	36	7	38
29	58	24	54	28	56	34	6	38	6	33	8	37
30	57		53	35	3	33	5	35	5	34	5	36
31	56		2		4		4	36		31		35

1985年

日＼月	1	2	3	4	5	6	7	8	9	10	11	12
1	34	9	38	6	39	8	37	8	40	9	45	19
2	33	8	35	5	40	5	36	7	47	18	46	20
3	32	7	36	4	37	6	35	16	48	17	43	17
4	31	15	33	3	38	13	44	15	45	16	44	18
5	50	16	38	12	45	14	43	14	46	15	41	15
6	49	13	41	11	46	11	42	13	43	14	42	16
7	48	14	42	20	43	12	41	11	44	13	49	13
8	47	11	49	19	44	19	50	12	41	12	50	14
9	46	12	50	18	41	20	49	19	42	11	47	11
10	45	19	47	17	42	17	48	20	49	20	48	12
11	44	20	48	16	49	18	47	17	50	19	55	29
12	43	15	45	15	50	15	46	18	57	28	56	30
13	42	16	46	14	49	16	45	25	58	27	53	27
14	41	23	43	13	50	23	54	26	55	26	54	28
15	58	24	44	30	57	24	53	27	56	25	57	25
16	57	21	51	29	58	21	52	28	53	24	58	26
17	56	22	51	28	55	23	59	25	54	23	55	23
18	53	29	60	24	56	22	58	26	51	28	56	23
19	52	28	59	21	53	21	57	23	51	27	53	22
20	51	25	58	22	60	30	60	24	60	26	54	21
21	60	26	57	29	57	29	59	21	59	28	1	40
22	59	23	56	30	58	28	58	30	8	35	10	39
23	58	24	55	27	55	27	57	37	7	36	7	38
24	57	31	54	28	56	36	6	38	6	33	8	37
25	6	32	53	35	3	35	5	35	5	34	5	36
26	5	39	2	36	4	34	4	36	4	31	6	35
27	4	40	1	33	1	31	3	33	3	32	3	34
28	3	37	10	34	2	40	2	34	2	39	4	33
29	2		9	31	9	39	1	31	1	40	1	32
30	1		8	32	10	38	10	32	10	37	2	31
31	10		7		7		9	39		38		50

1986年

日＼月	1	2	3	4	5	6	7	8	9	10	11	12
1	49	14	41	11	46	11	42	13	43	14	42	16
2	48	13	42	20	43	12	41	12	44	13	49	13
3	47	12	49	19	44	19	50	11	41	12	50	14
4	46	12	50	18	41	20	49	20	42	11	47	11
5	45	19	41	17	42	17	48	19	49	20	48	12
6	44	20	48	16	49	18	47	18	50	19	55	29
7	43	17	45	15	50	15	46	17	57	28	56	30
8	42	18	46	14	47	16	45	25	58	27	53	27
9	41	25	43	13	48	23	54	26	55	26	54	28
10	60	26	44	22	55	24	53	23	56	25	51	25
11	59	23	51	21	56	21	52	24	53	24	52	26
12	58	22	52	30	53	22	51	21	54	23	59	23
13	57	29	59	29	54	29	60	22	51	22	60	24
14	56	30	60	28	53	30	59	29	52	21	57	21
15	55	27	57	25	54	27	58	30	59	30	58	22
16	52	28	58	24	51	28	57	21	60	29	1	39
17	51	25	56	23	52	28	54	22	7	38	2	40
18	60	26	55	27	59	27	53	39	8	33	9	38
19	57	31	54	28	60	36	2	40	6	32	10	37
20	6	32	53	35	7	35	5	37	5	31	7	36
21	5	39	2	36	4	34	4	38	4	31	8	35
22	4	40	1	33	1	33	3	35	3	32	5	34
23	3	37	10	34	2	32	2	34	2	39	4	33
24	2	38	9	31	9	31	1	31	1	40	1	32
25	1	35	8	32	10	40	10	32	10	37	2	31
26	10	36	7	39	7	39	9	39	9	38	19	50
27	9	33	6	40	8	36	8	40	18	45	20	49
28	8	34	5	37	5	35	7	47	17	46	17	48
29	7		4	38	6	44	16	48	16	43	18	47
30	16		3	45	13	43	15	45	15	44	15	46
31	15		12		14		14	46		41		45

1987年

日＼月	1	2	3	4	5	6	7	8	9	10	11	12
1	44	19	48	16	49	18	47	18	50	19	55	29
2	43	18	45	15	50	15	46	17	57	28	56	30
3	42	17	46	14	47	16	45	26	58	27	53	27
4	41	25	43	13	48	23	54	25	55	26	54	28
5	60	26	48	22	55	24	53	24	56	25	51	25
6	59	23	51	21	56	21	52	23	53	24	52	26
7	58	24	52	30	53	22	52	22	54	23	59	23
8	57	21	59	29	54	29	60	22	51	22	60	24
9	56	22	60	28	51	30	59	29	52	21	57	21
10	55	29	57	27	52	27	58	30	59	30	58	22
11	54	30	58	26	59	28	57	27	60	29	5	39
12	53	25	55	25	60	25	56	28	7	38	6	40
13	52	26	56	24	57	26	55	35	8	37	3	37
14	51	33	53	23	60	33	4	36	5	36	4	38
15	10	34	54	40	7	34	3	33	6	35	1	35
16	7	31	1	39	8	31	2	38	3	34	8	36
17	6	32	1	38	5	33	1	35	4	33	5	33
18	5	39	10	34	6	32	8	36	1	32	6	34
19	2	38	9	31	3	31	7	33	1	37	3	32
20	1	35	8	32	4	40	6	34	10	36	4	31
21	10	36	7	39	7	39	9	31	9	35	11	50
22	9	33	6	40	8	38	8	32	8	45	12	49
23	8	34	5	37	5	37	7	47	7	46	17	48
24	7	41	4	38	6	46	16	48	6	43	18	47
25	16	42	3	45	13	45	15	45	5	44	15	46
26	15	49	12	46	14	44	14	46	4	41	16	45
27	14	50	11	43	11	41	13	43	3	42	13	44
28	13	47	20	44	12	50	12	44	2	49	14	43
29	12		19	41	19	49	11	41	1	50	11	42
30	11		18	42	20	48	20	42	20	47	12	41
31	20		17		17		19	49		48		60

1988年

日＼月	1	2	3	4	5	6	7	8	9	10	11	12
1	59	24	52	30	53	22	51	22	54	23	52	23
2	58	23	59	29	54	29	60	21	51	22	59	24
3	57	22	60	28	51	30	59	30	52	21	60	21
4	56	22	57	27	52	27	58	29	59	30	57	22
5	55	29	58	26	59	28	57	28	60	29	8	39
6	54	30	55	25	60	25	55	27	7	38	5	40
7	53	27	56	24	57	26	55	35	8	37	6	37
8	52	28	53	23	58	33	4	36	5	36	3	38
9	51	35	54	32	5	34	3	33	6	35	4	35
10	10	36	1	31	6	31	2	34	3	34	1	36
11	9	33	2	40	3	32	1	31	4	33	2	33
12	8	32	9	39	4	39	10	32	1	32	9	34
13	7	39	10	38	3	40	9	39	2	31	10	31
14	6	40	7	35	4	37	8	40	9	40	7	32
15	5	37	8	34	1	38	7	31	10	39	14	49
16	2	38	6	33	2	38	6	32	17	48	11	50
17	1	35	5	37	9	37	3	49	18	47	12	47
18	10	36	4	38	10	46	12	50	16	42	19	47
19	7	41	3	45	17	45	11	47	15	41	20	46
20	16	42	12	46	14	44	14	48	14	50	17	45
21	15	49	11	43	11	43	13	45	13	42	18	44
22	14	50	20	44	12	42	12	44	12	49	13	43
23	13	47	19	41	19	41	11	41	11	50	14	42
24	12	48	18	42	20	50	20	42	20	47	11	41
25	11	45	17	49	17	49	19	49	19	48	22	60
26	20	46	16	50	18	46	18	50	28	55	29	59
27	19	43	15	47	15	45	17	57	27	56	30	58
28	18	44	14	48	16	54	26	58	26	53	27	57
29	17	51	13	55	23	53	25	55	25	54	28	56
30	26		22	56	24	52	24	56	24	51	25	55
31	25		21		21		23	53		52		54

1989年

日＼月	1	2	3	4	5	6	7	8	9	10	11	12
1	53	28	55	25	60	25	56	27	7	38	6	40
2	52	27	56	24	57	26	55	36	8	37	3	37
3	51	36	53	23	58	33	4	35	5	36	4	38
4	10	36	54	32	5	34	3	34	6	35	1	35
5	9	33	1	31	6	31	2	33	3	34	2	36
6	8	34	2	40	3	32	1	32	4	33	9	33
7	7	31	9	39	4	39	10	32	1	32	10	34
8	6	32	10	38	1	40	9	39	2	31	7	31
9	5	49	7	37	2	37	8	40	9	40	8	32
10	4	40	8	36	9	38	7	37	10	39	15	49
11	3	37	5	35	10	35	6	38	17	48	16	50
12	2	36	6	34	7	36	5	45	18	47	13	47
13	1	43	3	33	10	43	14	46	15	46	14	48
14	20	44	4	42	17	44	13	43	16	45	11	45
15	17	41	11	49	18	41	12	48	13	44	18	46
16	16	42	11	48	15	42	11	45	14	43	15	43
17	15	49	20	47	16	42	18	46	11	42	16	44
18	12	50	19	41	13	41	17	43	12	47	13	42
19	11	45	18	42	14	50	16	44	20	46	14	41
20	20	46	17	49	17	49	19	41	19	45	21	60
21	19	43	16	50	18	48	18	42	28	55	22	59
22	18	44	15	47	15	47	17	57	27	56	27	58
23	17	51	14	48	16	56	26	58	26	53	28	57
24	26	52	13	55	23	55	25	55	25	54	25	56
25	25	59	24	56	24	54	24	56	24	51	26	55
26	24	60	21	53	21	53	23	53	23	52	23	54
27	23	57	30	54	22	60	22	54	22	59	24	53
28	22	58	29	51	29	59	21	51	21	60	21	52
29	21		28	52	30	58	30	52	30	57	22	51
30	30		27	59	27	57	29	59	29	58	39	10
31	29		26		28		28	60		5		9

1990年

日＼月	1	2	3	4	5	6	7	8	9	10	11	12
1	8	33	2	40	3	32	1	32	4	33	9	33
2	7	32	9	39	4	39	10	31	1	32	10	34
3	6	31	10	38	1	40	9	40	2	31	7	31
4	5	39	7	37	2	37	8	39	9	40	8	32
5	4	40	2	36	9	38	7	38	10	39	15	49
6	3	37	5	35	10	35	6	37	17	48	16	50
7	2	38	6	34	7	36	5	46	18	47	13	47
8	1	45	3	33	8	43	14	46	15	46	14	48
9	20	46	4	42	15	44	13	43	16	45	11	45
10	19	43	11	41	16	41	12	44	13	44	12	46
11	18	44	12	50	13	42	11	41	14	43	19	43
12	17	49	19	49	14	49	20	42	11	42	20	44
13	16	50	20	48	11	50	19	49	12	41	17	41
14	15	47	17	47	14	47	18	50	19	50	18	42
15	12	48	18	44	12	48	17	47	20	49	25	59
16	11	45	15	43	19	45	16	42	27	58	22	60
17	20	46	15	42	20	47	13	59	28	57	29	57
18	17	53	14	48	27	56	22	60	25	52	30	57
19	26	52	13	55	28	55	21	57	25	51	27	56
20	25	59	22	56	21	54	24	58	24	60	28	55
21	24	60	21	53	22	53	23	55	23	52	25	54
22	23	57	30	54	29	52	22	56	22	59	26	53
23	22	58	29	51	30	51	21	51	21	60	21	52
24	21	55	28	52	30	60	30	52	30	57	22	51
25	30	56	27	59	27	59	29	59	29	58	39	10
26	29	53	26	60	28	58	28	60	38	5	40	9
27	28	54	25	57	25	55	27	7	37	6	37	8
28	27	1	24	58	26	4	36	8	36	3	38	7
29	36		23	5	33	3	35	5	35	4	35	6
30	35		32	6	34	2	34	6	34	1	36	5
31	34		31		31		33	3		2		4

1991年

日＼月	1	2	3	4	5	6	7	8	9	10	11	12
1	3	38	5	35	10	35	6	37	17	48	16	50
2	2	37	6	34	7	36	5	46	18	47	13	47
3	1	46	3	33	8	43	14	45	15	46	14	48
4	10	46	4	42	15	44	13	44	16	45	11	45
5	9	43	15	41	16	41	12	43	13	44	12	46
6	8	44	12	50	13	42	11	42	14	43	19	43
7	7	41	19	49	14	49	20	41	11	42	20	44
8	6	42	20	48	11	50	19	49	12	41	17	41
9	5	49	17	47	12	47	18	50	19	50	18	42
10	4	50	18	46	19	48	17	47	20	49	25	59
11	3	47	15	45	20	45	16	48	27	58	26	60
12	2	46	16	44	17	46	15	55	28	57	23	57
13	1	53	13	43	18	53	24	56	25	56	24	58
14	30	54	14	52	27	54	23	53	26	55	21	55
15	29	51	21	59	28	51	22	54	23	54	22	56
16	26	52	22	58	25	52	21	55	24	53	25	53
17	25	59	30	57	26	52	28	56	21	52	26	54
18	24	60	29	51	23	51	27	53	22	51	23	51
19	21	55	28	52	24	60	26	54	30	56	24	51
20	30	56	27	59	21	59	29	51	29	55	31	10
21	29	53	26	60	28	58	28	52	38	4	32	9
22	28	54	25	57	25	57	27	9	37	6	39	8
23	27	1	24	58	26	6	36	8	36	3	38	7
24	36	2	23	5	33	5	35	5	35	4	35	6
25	35	9	32	6	34	4	34	6	34	1	36	5
26	34	10	31	3	31	3	33	3	33	2	33	4
27	33	7	40	4	32	10	32	4	32	9	34	3
28	32	8	39	1	39	9	31	1	31	10	31	2
29	31		38	2	40	8	40	2	40	7	32	1
30	40		37	9	37	7	39	9	39	8	39	10
31	39		36		38		38	10		15		19

1992年

日＼月	1	2	3	4	5	6	7	8	9	10	11	12
1	18	43	19	49	14	49	20	41	11	42	20	44
2	17	42	20	48	11	50	19	50	12	41	17	41
3	16	41	17	47	12	47	18	49	19	50	18	42
4	15	49	18	46	19	48	17	48	20	49	25	59
5	14	50	15	45	20	45	16	47	27	58	26	60
6	13	47	16	44	17	46	16	56	28	57	23	57
7	12	48	13	43	18	53	24	56	25	56	24	58
8	11	55	14	52	25	54	23	53	26	55	21	55
9	30	56	21	51	26	51	22	54	23	54	22	56
10	29	53	22	60	23	52	21	51	24	53	29	53
11	28	54	29	59	24	59	30	52	21	52	30	54
12	27	59	30	58	21	60	29	59	22	51	27	51
13	26	60	27	57	24	57	28	60	29	60	28	52
14	25	57	28	54	21	58	27	57	30	59	35	9
15	24	58	25	53	22	55	26	52	37	8	32	10
16	21	55	25	52	29	57	25	9	38	7	39	7
17	30	56	24	58	30	6	32	10	35	6	40	8
18	29	3	23	5	37	5	31	7	35	1	37	6
19	36	2	32	6	38	4	40	8	34	10	38	5
20	35	9	31	3	31	3	33	5	33	9	35	4
21	34	10	40	4	32	2	32	6	32	9	36	3
22	33	7	39	1	39	1	31	1	31	10	31	2
23	32	8	38	2	40	10	40	2	40	7	32	1
24	31	5	37	9	37	9	39	9	39	8	49	20
25	40	6	36	10	38	8	38	10	48	15	50	19
26	39	3	35	7	35	5	37	17	47	16	47	18
27	38	4	34	8	36	14	46	18	46	13	48	17
28	37	11	33	15	43	13	45	15	45	14	45	16
29	46	12	42	16	44	12	44	16	44	11	46	15
30	45		41	13	41	11	43	13	43	12	43	14
31	44		50		42		42	14		19		13

1993年

日＼月	1	2	3	4	5	6	7	8	9	10	11	12
1	12	47	16	44	17	46	15	56	28	57	23	57
2	11	56	13	43	18	53	24	55	25	56	24	58
3	30	55	14	52	25	54	23	54	26	55	21	55
4	29	53	21	51	26	51	22	53	23	54	22	56
5	28	54	22	60	23	52	21	52	24	53	29	53
6	27	51	29	59	24	59	30	51	21	52	30	54
7	26	52	30	58	21	60	30	59	22	51	27	51
8	25	59	27	57	22	57	28	60	29	60	28	52
9	24	60	28	56	29	58	27	57	30	59	35	9
10	23	57	25	55	30	55	26	58	37	8	36	10
11	22	58	26	54	27	56	25	5	38	7	33	7
12	21	3	23	53	28	3	34	6	35	6	34	8
13	40	4	24	2	37	4	33	3	36	5	31	5
14	39	1	31	1	38	1	32	4	33	4	32	6
15	36	2	32	8	35	2	31	5	34	3	35	3
16	35	9	40	7	36	9	40	6	31	2	36	4
17	34	10	39	6	33	1	39	3	32	1	33	1
18	31	7	38	2	34	10	36	4	39	6	34	1
19	40	6	37	9	31	9	35	1	39	5	41	20
20	39	3	36	10	38	8	34	2	48	14	42	19
21	38	4	35	7	35	7	37	19	47	16	49	18
22	37	11	34	8	36	16	46	18	46	13	48	17
23	46	12	33	15	43	15	45	15	45	14	45	16
24	45	19	42	16	44	14	44	16	44	11	46	15
25	44	20	41	13	41	13	43	13	43	12	43	14
26	43	17	50	14	42	12	42	14	42	19	44	13
27	42	18	49	11	49	19	41	11	41	20	41	12
28	41	15	48	12	50	18	50	12	50	17	42	11
29	50		47	19	47	17	49	19	49	18	59	30
30	49		46	20	48	16	48	20	58	25	60	29
31	48		45		45		47	27		26		28

1994年

日＼月	1	2	3	4	5	6	7	8	9	10	11	12
1	27	52	29	59	24	59	30	51	21	52	30	54
2	26	51	30	58	21	60	29	60	22	51	27	51
3	25	60	27	57	22	57	28	59	29	60	28	52
4	24	60	28	56	29	58	27	58	30	59	35	9
5	23	57	29	55	30	55	26	57	37	8	36	10
6	22	58	26	54	27	56	25	6	38	7	33	7
7	21	5	23	53	28	3	34	5	35	6	34	8
8	40	6	24	2	35	4	33	3	36	5	31	5
9	39	3	31	1	36	1	32	4	33	4	32	6
10	38	4	32	10	33	2	31	1	34	3	39	3
11	37	1	39	9	34	9	40	2	31	2	40	4
12	36	10	40	8	31	10	39	9	32	1	37	1
13	35	7	37	7	32	7	38	10	39	10	38	2
14	34	8	38	6	31	8	37	7	40	9	45	19
15	31	5	35	3	32	5	36	8	47	18	46	20
16	40	6	36	2	39	6	35	19	48	17	49	17
17	39	13	34	1	40	16	42	20	45	16	50	18
18	46	14	33	15	47	15	41	17	46	11	47	16
19	45	19	42	16	48	14	50	18	44	20	48	15
20	44	20	41	13	45	13	43	15	43	19	45	14
21	43	17	50	14	42	12	42	16	42	19	46	13
22	42	18	49	11	49	11	41	13	41	20	43	12
23	51	15	48	12	50	20	50	12	50	17	42	11
24	50	16	47	19	47	19	49	19	49	18	59	30
25	49	13	46	20	48	18	48	20	58	25	60	29
26	48	14	45	17	45	17	47	27	57	26	57	28
27	47	21	44	18	46	24	56	28	56	23	58	27
28	56	22	43	25	53	23	55	25	55	24	55	26
29	55		52	26	54	22	54	26	54	21	56	25
30	54		51	23	51	21	53	23	53	22	53	24
31	53		60		52		52	24		29		23

1995年

日 \ 月	1	2	3	4	5	6	7	8	9	10	11	12
1	22	57	26	54	27	56	25	6	38	7	33	7
2	21	6	23	53	28	53	34	5	35	6	34	8
3	40	5	24	2	35	54	33	4	36	5	31	5
4	39	3	31	1	36	51	32	3	33	4	32	6
5	38	4	36	10	33	52	31	2	34	3	39	3
6	37	1	39	9	34	59	40	1	31	2	40	4
7	36	2	40	8	31	60	39	10	32	1	37	1
8	35	9	37	7	32	57	38	10	39	10	38	2
9	34	10	38	6	39	58	37	7	40	9	45	19
10	33	7	35	5	40	55	36	8	47	18	46	20
11	32	8	36	4	37	56	35	15	48	17	43	17
12	31	13	33	3	38	13	44	16	45	16	44	18
13	50	14	34	12	45	14	43	13	46	15	41	15
14	49	11	41	11	48	11	42	14	43	14	42	16
15	48	12	42	18	45	12	41	11	44	13	49	13
16	45	19	49	17	46	19	50	16	41	12	46	14
17	44	20	49	16	43	11	47	13	42	11	43	11
18	43	17	48	12	44	20	46	14	49	20	44	11
19	50	16	47	19	41	19	45	11	49	15	51	30
20	49	13	46	20	42	18	48	12	58	24	52	29
21	48	14	45	17	45	17	47	29	57	23	59	28
22	47	21	44	18	46	26	56	30	56	23	60	27
23	56	22	43	25	53	25	55	25	55	24	55	26
24	55	29	52	26	54	24	54	26	54	21	56	25
25	54	30	51	23	51	23	53	23	53	22	53	24
26	53	27	60	24	52	22	52	24	52	29	54	23
27	52	28	59	21	59	29	51	21	51	30	51	22
28	51	25	58	22	60	28	60	22	60	27	52	21
29	60		57	29	57	27	59	29	59	28	9	40
30	59		56	30	58	26	58	30	58	35	10	39
31	58		55		55		57	37		36		38

1996年

日 \ 月	1	2	3	4	5	6	7	8	9	10	11	12
1	37	2	40	8	31	10	39	10	32	1	37	1
2	36	1	37	7	32	7	38	9	39	10	38	2
3	35	10	38	6	39	8	37	8	40	9	45	19
4	34	10	35	5	40	5	36	7	47	18	46	20
5	33	7	36	4	37	6	35	16	48	17	43	17
6	32	8	33	3	38	13	43	15	45	16	44	18
7	31	15	34	12	45	14	43	13	46	15	41	15
8	50	16	41	11	46	11	42	14	43	14	42	16
9	49	13	42	20	43	12	41	11	44	13	49	13
10	48	14	49	19	44	19	50	12	41	12	50	14
11	47	11	50	18	41	20	49	19	42	11	47	11
12	46	20	47	17	42	17	48	20	49	20	48	12
13	45	17	48	16	41	18	47	17	50	19	55	29
14	44	18	45	13	42	15	46	18	57	28	56	30
15	43	15	46	12	49	16	45	29	58	27	59	27
16	50	16	44	11	50	26	54	30	55	26	60	28
17	49	23	43	25	57	25	51	27	56	25	57	25
18	58	24	52	26	58	24	60	28	54	30	58	25
19	55	29	51	23	55	23	59	25	53	29	55	14
20	54	30	60	24	52	22	52	26	52	28	56	13
21	53	27	59	21	59	21	51	23	51	30	53	12
22	52	28	58	22	60	30	60	22	60	27	52	11
23	51	25	57	29	57	29	59	29	59	28	9	40
24	60	26	56	30	58	28	58	30	8	35	10	39
25	59	23	55	27	55	27	57	37	7	36	17	38
26	58	24	54	28	56	34	6	38	6	33	18	37
27	57	31	53	35	3	33	5	35	5	34	15	36
28	6	32	2	36	4	32	4	36	4	31	16	35
29	5	39	1	33	1	31	3	33	3	32	13	34
30	4		10	34	2	40	2	34	2	39	14	33
31	3		9		9		1	31		40		32

1997年

日＼月	1	2	3	4	5	6	7	8	9	10	11	12
1	31	16	33	3	38	13	44	15	45	16	44	18
2	50	15	34	12	45	14	43	14	46	15	41	15
3	49	14	41	11	46	11	42	13	43	14	42	16
4	48	14	42	20	43	12	41	12	44	13	49	13
5	47	11	49	19	44	19	50	11	41	12	50	14
6	46	12	50	18	41	20	49	20	42	11	47	11
7	45	19	47	17	42	17	48	20	49	20	48	12
8	44	20	48	16	49	18	47	17	50	19	55	29
9	43	17	45	15	50	15	46	18	57	28	56	30
10	42	18	46	14	47	16	45	25	58	27	53	27
11	41	25	43	13	48	23	54	26	55	26	54	28
12	60	24	44	22	55	24	53	23	56	25	51	25
13	59	21	51	21	58	21	52	24	53	24	52	26
14	58	22	52	30	55	22	51	21	54	23	59	23
15	55	29	59	27	56	29	60	26	51	22	56	24
16	54	30	59	26	53	30	59	23	52	21	53	21
17	53	27	58	25	54	30	56	24	59	30	54	22
18	60	28	57	29	51	29	55	21	59	25	1	40
19	59	23	56	30	52	28	54	22	8	34	2	39
20	58	24	55	27	55	27	57	39	7	33	9	38
21	57	31	54	28	56	36	6	40	6	33	10	37
22	6	32	53	35	3	35	5	35	5	34	5	36
23	5	39	2	36	4	34	4	36	4	31	6	35
24	4	40	1	33	1	33	3	33	3	32	3	34
25	3	37	10	34	2	32	2	34	2	39	4	33
26	2	38	9	31	9	31	1	31	1	40	1	32
27	1	35	8	32	10	38	10	32	10	37	2	31
28	10	36	7	39	7	37	9	39	9	38	19	50
29	9		6	40	8	36	8	40	8	45	20	49
30	8		5	37	5	35	7	47	7	46	17	48
31	7		4		6		16	48		43		47

1998年

日＼月	1	2	3	4	5	6	7	8	9	10	11	12
1	46	11	50	18	41	20	49	20	42	11	47	11
2	45	20	47	17	42	17	48	19	49	20	48	12
3	44	19	48	16	49	18	47	18	50	19	55	29
4	43	17	45	15	50	15	46	17	57	28	56	30
5	42	18	50	14	47	16	45	26	58	27	53	27
6	41	25	43	13	48	23	54	25	55	26	54	28
7	60	26	44	22	55	24	53	24	56	25	51	25
8	59	23	51	21	56	21	52	24	53	24	52	26
9	58	24	52	30	53	22	51	21	54	23	59	23
10	57	21	59	29	54	29	60	22	51	22	60	24
11	56	22	60	28	51	30	59	29	52	21	57	21
12	55	27	57	27	52	27	58	30	59	30	58	22
13	54	28	58	26	59	28	57	27	60	29	5	39
14	53	25	55	25	52	25	56	28	7	38	6	40
15	60	26	56	22	59	26	55	35	8	37	3	37
16	59	33	53	21	60	33	4	40	5	36	10	38
17	8	34	53	40	7	35	1	37	6	35	7	35
18	5	31	2	36	8	34	10	38	3	40	8	35
19	4	40	1	33	5	33	9	35	3	39	5	34
20	3	37	10	34	6	32	2	36	2	38	6	33
21	2	38	9	31	9	31	1	33	1	40	3	32
22	1	35	8	32	10	40	10	34	10	37	4	31
23	10	36	7	39	7	39	9	39	9	38	19	50
24	9	33	6	40	8	38	8	40	18	45	20	49
25	8	34	5	37	5	37	7	47	17	46	17	48
26	7	41	4	38	6	46	16	48	16	43	18	47
27	16	42	3	45	13	43	15	45	15	44	15	46
28	15	49	12	46	14	42	14	46	14	41	16	45
29	14		11	43	11	41	13	43	13	42	13	44
30	13		20	44	12	50	12	44	12	49	14	43
31	12		19		19		11	41		50		42

1999年

日＼月	1	2	3	4	5	6	7	8	9	10	11	12
1	41	26	43	13	48	23	54	25	55	26	54	28
2	60	25	44	22	55	24	53	24	56	25	51	25
3	59	24	51	21	56	21	52	23	53	24	52	26
4	58	24	52	30	53	22	51	22	54	23	59	23
5	57	21	53	29	54	29	60	21	51	22	60	24
6	56	22	60	28	51	30	59	30	52	21	57	21
7	55	29	57	27	52	27	58	29	59	30	58	22
8	54	30	58	26	59	28	57	27	60	29	5	39
9	53	27	55	25	60	25	56	28	7	38	6	40
10	52	28	56	24	57	26	55	35	8	37	3	37
11	51	35	53	23	58	33	4	36	5	36	4	38
12	10	34	54	32	5	34	3	33	6	35	1	35
13	9	31	1	31	6	31	2	34	3	34	2	36
14	8	32	2	40	5	32	1	31	4	33	9	33
15	7	39	9	37	6	39	10	32	1	32	10	34
16	4	40	10	36	6	40	9	33	2	31	3	31
17	3	37	8	35	4	40	6	34	9	40	4	32
18	2	38	7	39	1	39	5	31	10	39	11	50
19	9	33	6	40	2	38	4	32	18	44	12	49
20	8	34	5	37	9	37	7	49	17	43	19	48
21	7	41	4	38	6	46	16	50	16	42	20	47
22	16	42	3	45	13	45	15	47	15	44	17	46
23	15	49	12	46	14	44	14	46	14	41	16	45
24	14	50	11	43	11	43	13	43	13	42	13	44
25	13	47	20	44	12	42	12	44	12	49	14	43
26	12	48	19	41	19	41	11	41	11	50	11	42
27	11	45	18	42	20	48	20	42	20	47	12	41
28	20	46	17	49	17	47	19	49	19	48	29	60
29	19		16	50	18	46	18	50	28	52	30	59
30	18		15	47	15	45	17	57	27	56	27	58
31	17		14		16		26	58		53		57

2000年

日＼月	1	2	3	4	5	6	7	8	9	10	11	12
1	56	21	57	27	52	27	58	29	59	30	58	22
2	55	30	58	26	59	28	57	28	60	29	5	39
3	54	29	55	25	60	25	56	27	7	38	6	40
4	53	27	56	24	57	26	55	36	8	37	3	37
5	52	28	53	23	58	33	4	35	5	36	4	38
6	51	35	54	32	5	34	4	34	6	35	1	35
7	10	36	1	31	6	31	2	34	3	34	2	36
8	9	33	2	40	3	32	1	31	4	33	9	33
9	8	34	9	39	4	39	10	32	1	32	10	34
10	7	31	10	38	1	40	9	39	2	31	7	31
11	6	32	7	37	2	37	8	40	9	40	8	32
12	5	37	8	36	9	38	7	37	10	39	15	49
13	4	38	5	35	2	35	6	38	17	48	16	50
14	3	35	6	32	9	36	5	45	18	47	13	47
15	2	36	3	31	10	43	14	50	15	46	20	48
16	9	43	3	50	17	45	13	47	16	45	17	45
17	18	44	12	46	18	44	20	48	13	44	18	46
18	17	41	11	43	15	43	19	45	13	49	15	44
19	14	50	20	44	16	42	18	46	12	48	16	43
20	13	47	19	41	19	41	11	43	11	47	13	42
21	12	48	18	42	20	50	20	44	20	47	14	41
22	11	45	17	49	17	49	19	49	19	48	29	60
23	20	46	16	50	18	48	18	50	28	55	30	59
24	19	43	15	47	15	47	17	57	27	56	27	58
25	18	44	14	48	16	56	26	58	26	53	28	57
26	17	51	13	55	23	53	25	55	25	54	25	56
27	26	52	22	56	24	52	24	56	24	51	26	55
28	25	59	21	53	21	51	23	53	23	52	23	54
29	24	60	30	54	22	60	22	54	22	59	24	53
30	23		29	51	29	59	21	51	21	60	21	52
31	22		28		30		30	52		57		51

2001年

日 月	1	2	3	4	5	6	7	8	9	10	11	12
1	10	35	54	32	5	34	3	34	6	35	1	35
2	9	34	1	31	6	31	2	33	3	34	2	36
3	8	33	2	40	3	32	1	32	4	33	9	33
4	7	31	9	39	4	39	10	31	1	32	10	34
5	6	32	10	38	1	40	9	40	2	31	7	31
6	5	39	7	37	2	37	7	39	9	40	8	32
7	4	40	8	36	9	38	7	37	10	39	15	49
8	3	37	5	35	10	35	6	38	17	48	16	50
9	2	38	6	34	7	36	5	45	18	47	13	47
10	1	45	3	33	8	43	14	46	15	46	14	48
11	20	46	4	42	15	44	13	43	16	45	11	45
12	19	41	11	41	16	41	12	44	13	44	12	46
13	18	42	12	50	15	42	11	41	14	43	19	43
14	17	49	19	49	16	49	20	42	11	42	20	44
15	14	50	20	46	13	50	19	43	12	41	13	41
16	13	47	18	45	14	50	18	44	19	40	14	42
17	12	48	17	44	11	49	15	41	20	49	21	59
18	19	45	16	50	12	48	14	42	28	54	22	59
19	18	44	15	47	19	47	13	59	27	53	29	58
20	17	51	14	48	16	56	26	60	26	52	30	57
21	26	52	13	55	23	55	25	57	25	54	27	56
22	25	59	22	56	24	54	24	56	24	51	26	55
23	24	60	21	53	21	53	23	53	23	52	23	54
24	23	57	30	54	22	52	22	54	22	59	24	53
25	22	58	29	51	29	51	21	51	21	60	21	52
26	21	55	28	52	30	58	30	52	30	57	22	51
27	30	56	27	59	27	57	29	59	29	58	39	10
28	29	53	26	60	28	56	28	60	38	5	40	9
29	28		25	57	25	55	27	7	37	6	37	8
30	27		24	58	26	4	36	8	36	3	38	7
31	36		23		33		35	5		4		6

2002年

日 月	1	2	3	4	5	6	7	8	9	10	11	12
1	5	40	7	37	2	37	8	39	9	40	8	32
2	4	39	8	36	9	38	7	38	10	39	15	49
3	3	38	5	35	10	35	6	37	17	48	16	50
4	2	38	6	34	7	36	5	46	18	47	13	47
5	1	45	7	33	8	43	14	45	15	46	14	48
6	20	46	4	42	15	44	13	44	16	45	11	45
7	19	43	11	41	16	41	12	43	13	44	12	46
8	18	44	12	50	13	42	11	41	14	43	19	43
9	17	41	19	49	14	49	20	42	11	42	20	44
10	16	42	20	48	11	50	19	49	12	41	17	41
11	15	49	17	47	12	47	18	50	19	50	18	42
12	14	48	18	46	19	48	17	47	20	49	25	59
13	13	45	15	45	20	45	16	48	27	58	26	60
14	12	46	16	44	19	46	15	55	28	57	23	57
15	19	53	13	41	20	53	24	56	25	56	30	58
16	28	54	14	60	27	54	23	57	26	55	27	55
17	27	51	22	59	28	54	30	58	23	54	28	56
18	24	52	21	53	25	53	29	55	24	59	25	54
19	23	57	30	54	26	52	28	56	22	58	26	53
20	22	58	29	51	23	51	21	53	21	57	23	52
21	21	55	28	52	30	60	30	54	30	57	24	51
22	30	56	27	59	27	59	29	51	29	58	39	10
23	29	53	26	60	28	58	28	60	38	5	40	9
24	28	54	25	57	25	57	27	7	37	6	37	8
25	27	1	24	58	26	6	36	8	36	3	38	7
26	36	2	23	5	33	5	35	5	35	4	35	6
27	35	9	32	6	34	2	34	6	34	1	36	5
28	34	10	31	3	31	1	33	3	33	2	33	4
29	33		40	4	32	10	32	4	32	9	34	3
30	32		39	1	39	9	31	1	31	10	31	2
31	31		38		40		40	2		7		1

2003年

日＼月	1	2	3	4	5	6	7	8	9	10	11	12
1	20	45	4	42	15	44	13	44	16	45	11	45
2	19	44	11	41	16	41	12	43	13	44	12	46
3	18	43	12	50	13	42	11	42	14	43	19	43
4	17	41	19	49	14	49	20	41	11	42	20	44
5	16	42	14	48	11	50	19	50	12	41	17	41
6	15	49	17	47	12	47	18	49	19	50	18	42
7	14	50	18	46	19	48	17	48	20	49	25	59
8	13	47	15	45	20	45	16	48	27	58	26	60
9	12	48	16	44	17	46	15	55	28	57	23	57
10	11	55	13	43	18	53	24	56	25	56	24	58
11	30	56	14	52	25	54	23	53	26	55	21	55
12	29	51	21	51	26	51	22	54	23	54	22	56
13	28	52	22	60	23	52	21	51	24	53	29	53
14	27	59	29	59	26	59	30	52	21	52	30	54
15	26	60	30	56	23	60	29	59	22	51	27	51
16	23	57	27	55	24	57	28	54	29	60	24	52
17	22	58	27	54	21	59	25	51	30	59	31	9
18	21	55	26	60	22	58	24	52	37	8	32	9
19	28	54	25	57	29	57	23	59	37	3	39	8
20	27	1	24	58	30	6	36	10	36	2	40	7
21	36	2	23	5	33	5	35	7	35	1	37	6
22	35	9	32	6	34	4	34	8	34	1	38	5
23	34	10	31	3	31	3	33	3	33	2	33	4
24	33	7	40	4	32	2	32	4	32	9	34	3
25	32	8	39	1	39	1	31	1	31	10	31	2
26	31	5	38	2	40	10	40	2	40	7	32	1
27	40	6	37	9	37	7	39	9	39	8	49	10
28	39	3	36	10	38	6	38	10	48	15	50	19
29	38		35	7	35	5	37	7	47	16	47	18
30	37		34	8	36	14	46	18	46	13	48	17
31	46		33		43		45	15		14		16

2004年

日＼月	1	2	3	4	5	6	7	8	9	10	11	12
1	15	50	18	46	19	48	17	48	20	49	25	59
2	14	49	15	45	20	45	16	47	27	58	26	60
3	13	48	16	44	17	46	15	56	28	57	23	57
4	12	48	13	43	18	53	24	55	25	56	24	58
5	11	55	14	52	25	54	23	54	26	55	21	55
6	30	56	21	51	26	51	21	53	23	54	22	56
7	19	53	22	60	23	52	21	51	24	53	29	53
8	18	54	29	59	24	59	30	52	21	52	30	54
9	17	51	30	58	21	60	29	59	22	51	27	51
10	16	52	27	57	22	57	28	60	29	60	28	52
11	15	59	28	56	29	58	27	57	30	59	35	9
12	14	58	25	55	30	55	26	58	37	8	36	10
13	13	55	26	54	29	56	25	5	38	7	33	7
14	12	56	23	51	30	3	34	6	35	6	34	8
15	11	3	24	10	37	4	33	7	36	5	37	5
16	38	4	32	9	38	4	32	8	33	4	38	6
17	37	1	31	3	35	3	39	5	34	3	35	3
18	36	2	40	4	36	2	38	6	32	8	36	3
19	33	7	39	1	33	1	37	3	31	7	33	2
20	32	8	38	2	40	10	40	4	40	6	34	1
21	31	5	37	9	37	9	39	1	39	8	41	20
22	40	6	36	10	38	8	38	10	48	15	50	19
23	39	3	35	7	35	7	37	17	47	16	47	18
24	38	4	34	8	36	16	46	18	46	13	48	17
25	37	11	33	15	43	15	45	15	45	14	45	16
26	46	12	42	16	44	12	44	16	44	11	46	15
27	45	19	41	13	41	11	43	13	43	12	43	14
28	44	20	50	14	42	10	42	14	42	19	44	13
29	43	17	49	11	49	19	41	11	41	20	41	12
30	42		48	12	50	18	50	12	50	17	42	11
31	41		47		47		49	19		18		20

2005年

日＼月	1	2	3	4	5	6	7	8	9	10	11	12
1	29	54	21	51	26	51	22	53	23	54	22	56
2	28	53	22	60	23	52	21	52	24	53	29	53
3	27	52	29	59	24	59	30	51	21	52	30	54
4	26	52	30	58	21	60	29	60	22	51	27	51
5	25	59	27	57	22	57	28	59	29	60	28	52
6	24	60	28	56	29	58	28	58	30	59	35	9
7	23	57	25	55	30	55	26	58	37	8	36	10
8	22	58	26	54	27	56	25	5	38	7	33	7
9	21	55	23	53	28	3	34	6	35	6	34	8
10	40	6	24	2	35	4	33	3	36	5	31	5
11	39	3	31	1	36	1	32	4	33	4	32	6
12	38	2	32	10	33	2	31	1	34	3	39	3
13	37	9	39	9	36	9	40	2	31	2	40	4
14	36	10	40	8	33	10	39	9	32	1	37	1
15	33	7	37	5	34	7	38	4	39	10	34	2
16	32	8	37	4	31	9	37	1	40	9	41	19
17	31	5	36	3	32	8	34	2	47	18	42	20
18	38	6	35	7	39	7	33	19	47	13	49	18
19	37	1	34	8	40	16	42	20	46	12	50	17
20	46	12	33	15	43	15	45	17	45	11	47	16
21	45	19	42	16	44	14	44	18	44	11	48	15
22	44	20	41	13	41	13	43	13	43	12	43	14
23	43	17	50	14	42	12	42	14	42	19	44	13
24	42	18	49	11	49	11	41	11	41	20	41	12
25	41	15	48	12	50	20	50	12	50	17	42	11
26	50	16	47	19	47	17	49	19	49	18	59	30
27	49	13	46	20	48	16	48	20	58	25	60	29
28	48	14	45	17	45	15	47	27	57	26	57	28
29	47		44	18	46	24	56	28	56	23	58	27
30	56		43	25	53	23	55	25	55	24	55	26
31	55		52		54		54	26		21		25

2006年

日＼月	1	2	3	4	5	6	7	8	9	10	11	12
1	24	59	28	56	29	58	27	58	30	59	35	9
2	23	58	25	55	30	55	26	57	37	8	36	10
3	22	57	26	54	27	56	25	6	38	7	33	7
4	21	5	23	53	28	3	34	6	35	6	34	8
5	40	6	28	2	35	4	33	4	36	5	31	5
6	39	3	31	1	36	1	32	3	33	4	32	6
7	38	4	32	10	33	2	31	2	34	3	39	3
8	37	1	39	9	34	9	40	2	31	2	40	4
9	36	2	40	8	31	10	39	9	32	1	37	1
10	35	9	37	7	32	7	38	10	39	10	38	2
11	34	10	38	6	39	8	37	7	40	9	45	19
12	33	5	35	5	40	5	36	8	47	18	46	20
13	32	6	36	4	37	6	35	15	48	17	43	17
14	31	13	33	3	40	13	44	16	45	16	44	18
15	48	14	34	20	47	14	43	13	46	15	47	15
16	47	11	41	19	48	11	42	18	43	14	48	16
17	46	12	41	18	45	13	49	15	44	13	45	13
18	43	19	50	14	46	12	48	16	41	18	46	13
19	42	18	49	11	43	11	47	13	41	17	43	12
20	41	15	48	12	44	20	50	14	50	16	44	11
21	50	16	47	19	47	19	49	11	49	18	51	30
22	49	13	46	20	48	18	48	12	58	25	60	29
23	48	14	45	17	45	17	47	27	57	26	57	28
24	47	21	44	18	46	26	56	28	56	23	58	27
25	56	22	43	25	53	25	55	25	55	24	55	26
26	55	29	52	26	54	24	54	26	54	21	56	25
27	54	30	51	23	51	21	53	23	53	22	53	24
28	53	27	60	24	52	30	52	24	52	29	54	23
29	52		59	21	59	29	51	21	51	30	51	22
30	51		58	22	60	28	60	22	60	27	52	21
31	60		57		57		59	29		28		40

2007年

日 \ 月	1	2	3	4	5	6	7	8	9	10	11	12
1	39	4	31	1	36	1	32	3	33	4	32	6
2	38	3	32	10	33	2	31	2	34	3	39	3
3	37	2	39	9	34	9	40	1	31	2	40	4
4	36	2	40	8	31	10	39	10	32	1	37	1
5	35	9	31	7	32	7	38	9	39	10	38	2
6	34	10	38	6	39	8	37	8	40	9	45	19
7	33	7	35	5	40	5	36	7	47	18	46	20
8	32	8	36	4	37	6	35	15	48	17	43	17
9	31	15	33	3	38	13	44	16	45	16	44	18
10	50	16	34	12	45	14	43	13	46	15	41	15
11	49	13	41	11	46	11	42	14	43	14	42	16
12	48	12	42	20	43	12	41	11	44	13	49	13
13	47	19	49	19	44	19	50	12	41	12	50	14
14	46	20	50	18	43	20	49	19	42	11	47	11
15	45	17	47	15	44	17	48	20	49	20	48	12
16	42	18	48	14	41	18	47	11	50	19	51	29
17	41	15	46	13	42	18	44	12	57	28	52	30
18	50	16	45	17	49	17	43	29	58	27	59	28
19	47	21	44	18	50	26	52	30	56	22	60	27
20	56	22	43	25	57	25	55	27	55	21	57	26
21	55	29	52	26	54	24	54	28	54	30	58	25
22	54	30	51	23	51	23	53	25	53	22	55	24
23	53	27	60	24	52	22	52	24	52	29	54	23
24	52	28	59	21	59	21	51	21	51	30	51	22
25	51	25	58	22	60	30	60	22	60	27	52	21
26	60	26	57	29	57	29	59	29	59	28	9	40
27	59	23	56	30	58	26	58	30	8	35	10	39
28	58	24	55	27	55	25	57	37	7	36	7	38
29	57		54	28	56	34	6	38	6	33	8	37
30	6		53	35	3	33	5	35	5	34	5	36
31	5		2		4		4	36		31		35

2008年

日 \ 月	1	2	3	4	5	6	7	8	9	10	11	12
1	34	9	35	5	40	5	36	7	47	18	46	20
2	33	8	36	4	37	6	35	16	48	17	43	17
3	32	7	33	3	38	13	44	15	45	16	44	18
4	31	15	34	12	45	14	43	14	46	15	41	15
5	50	16	41	11	46	11	42	13	43	14	42	16
6	49	13	42	20	43	12	42	12	44	13	49	13
7	48	14	49	19	44	19	50	12	41	12	50	14
8	47	11	50	18	41	20	49	19	42	11	47	11
9	46	12	47	17	42	17	48	20	49	20	48	12
10	45	19	48	16	49	18	47	17	50	19	55	29
11	44	20	45	15	50	15	46	18	57	28	56	30
12	43	15	46	14	47	16	45	25	58	27	53	27
13	42	16	43	13	50	23	54	26	55	26	54	28
14	41	23	44	30	57	24	53	23	56	25	51	25
15	60	24	51	29	58	21	52	28	53	24	58	26
16	57	21	51	28	55	23	51	25	54	23	55	23
17	56	22	60	24	56	22	58	26	51	22	56	24
18	55	29	59	21	53	21	57	23	51	27	53	22
19	52	28	58	22	54	30	56	24	60	26	54	21
20	51	25	57	29	57	29	59	21	59	25	1	40
21	60	26	56	30	58	28	58	22	8	35	2	39
22	59	23	55	27	55	27	57	37	7	36	7	38
23	58	24	54	28	56	36	6	38	6	33	8	37
24	57	31	53	35	3	35	5	35	5	34	5	36
25	6	32	2	36	4	34	4	36	4	31	6	35
26	5	39	1	33	1	31	3	33	3	32	3	34
27	4	40	10	34	2	40	2	34	2	39	4	33
28	3	37	9	31	9	39	1	31	1	40	1	32
29	2	38	8	32	10	38	10	32	10	37	2	31
30	1		7	39	7	37	9	39	9	38	19	50
31	10		6		8		8	40		45		49

2009年

日＼月	1	2	3	4	5	6	7	8	9	10	11	12
1	48	13	42	20	43	12	41	12	44	13	49	13
2	47	12	49	19	44	19	50	11	41	12	50	14
3	46	11	50	18	41	20	49	20	42	11	47	11
4	45	19	47	17	42	17	48	19	49	20	48	12
5	44	20	48	16	49	18	47	18	50	19	55	29
6	43	17	45	15	50	15	45	17	57	28	56	30
7	42	18	46	14	47	16	45	25	58	27	53	27
8	41	25	43	13	48	23	54	26	55	26	54	28
9	60	26	44	22	55	24	53	23	56	25	51	25
10	59	23	51	21	56	21	52	24	53	24	52	26
11	58	24	52	30	53	22	51	21	54	23	59	23
12	57	29	59	29	54	29	60	22	51	22	60	24
13	56	30	60	28	53	30	59	29	52	21	57	21
14	55	27	57	27	54	27	58	30	59	30	58	22
15	52	28	58	24	51	28	57	21	60	29	1	39
16	51	25	56	23	52	28	56	22	7	38	2	40
17	60	26	55	22	59	27	53	39	8	37	9	37
18	57	33	54	28	60	36	2	40	6	32	10	37
19	6	32	53	35	7	35	1	37	5	31	7	36
20	5	39	2	36	4	34	4	38	4	40	8	35
21	4	40	1	33	1	33	3	35	3	32	5	34
22	3	37	10	34	2	32	2	34	2	39	4	33
23	2	38	9	31	9	31	1	31	1	40	1	32
24	1	35	8	32	10	40	10	32	10	37	2	31
25	10	36	7	39	7	39	9	39	9	38	19	50
26	9	33	6	40	8	36	8	40	18	45	20	49
27	8	34	5	37	5	35	7	47	17	46	17	48
28	7	41	4	38	6	44	16	48	16	43	18	47
29	16		3	45	13	43	15	45	15	44	15	46
30	15		12	46	14	42	14	46	14	41	16	45
31	14		11		11		13	43		42		44

2010年

日＼月	1	2	3	4	5	6	7	8	9	10	11	12
1	43	18	45	15	50	15	46	17	57	28	56	30
2	42	17	46	14	47	16	45	26	58	27	53	27
3	41	26	43	13	48	23	54	25	55	26	54	28
4	60	26	44	22	55	24	53	24	56	25	51	25
5	59	23	55	21	56	21	52	23	53	24	52	26
6	58	24	52	30	53	22	51	22	54	23	59	23
7	57	21	59	29	54	29	60	22	51	22	60	24
8	56	22	60	28	51	30	59	29	52	21	57	21
9	55	29	57	27	52	27	58	30	59	30	58	22
10	54	30	58	26	59	28	57	27	60	29	5	39
11	53	27	55	25	60	25	56	28	7	38	6	40
12	52	26	56	24	57	26	55	35	8	37	3	37
13	51	33	53	23	60	33	4	36	5	36	4	38
14	10	34	54	32	7	34	3	33	6	35	1	35
15	7	31	1	39	8	31	2	38	3	34	8	36
16	6	32	2	38	5	32	1	35	4	33	5	33
17	5	39	10	37	6	32	8	36	1	32	6	34
18	2	40	9	31	3	31	7	33	2	37	3	32
19	1	35	8	32	4	40	6	34	10	36	4	31
20	10	36	7	39	7	39	9	31	9	35	11	50
21	9	33	6	40	8	38	8	32	18	45	12	49
22	8	34	5	37	5	37	7	47	17	46	17	48
23	7	41	4	38	6	46	16	48	16	43	18	47
24	16	42	3	45	13	45	15	45	15	44	15	46
25	15	49	12	46	14	44	14	46	14	41	16	45
26	14	50	11	43	11	43	13	43	13	42	13	44
27	13	47	20	44	12	50	12	44	12	49	14	43
28	12	48	19	41	19	49	11	41	11	50	11	42
29	11		18	42	20	48	20	42	20	47	12	41
30	20		17	49	27	47	19	49	19	48	29	60
31	19		16		28		18	50		55		59

2011年

日　月	1	2	3	4	5	6	7	8	9	10	11	12
1	58	23	52	30	53	22	51	22	54	23	59	23
2	57	22	59	29	54	29	60	21	51	22	60	24
3	56	21	60	28	51	30	59	30	52	21	57	21
4	55	29	57	27	52	27	58	29	59	30	58	22
5	54	30	52	26	59	28	57	28	60	29	5	39
6	53	27	55	25	60	25	56	27	7	38	6	40
7	52	28	56	24	57	26	55	36	8	37	3	37
8	51	35	53	23	58	33	4	36	5	36	4	38
9	10	36	54	32	5	34	3	33	6	35	1	35
10	9	33	1	31	6	31	2	34	3	34	2	36
11	8	34	2	40	3	32	1	31	4	33	9	33
12	7	39	9	39	4	39	10	32	1	32	10	34
13	6	40	10	38	1	40	9	39	2	31	7	31
14	5	37	7	37	4	37	8	40	9	40	8	32
15	4	38	8	34	1	38	7	37	10	39	15	49
16	1	35	5	33	2	35	6	32	17	48	12	50
17	10	36	5	32	9	37	3	49	18	47	19	47
18	9	43	4	38	10	46	12	50	15	46	20	47
19	16	42	3	45	17	45	11	47	15	41	17	46
20	15	49	12	46	18	44	14	48	14	50	18	45
21	14	50	11	43	11	43	13	45	13	49	15	44
22	13	47	20	44	12	42	12	46	12	49	16	43
23	12	48	19	41	19	41	11	41	11	50	11	42
24	11	45	18	42	20	50	20	42	20	47	12	41
25	20	46	17	49	17	49	19	49	19	48	29	60
26	19	43	16	50	18	48	18	50	28	52	30	59
27	18	44	15	47	15	45	17	47	27	56	27	58
28	17	51	14	48	16	54	26	58	26	53	28	57
29	26		13	55	23	53	25	55	25	54	25	56
30	25		22	56	24	52	24	56	24	51	26	55
31	24		21		21		23	53		52		54

2012年

日　月	1	2	3	4	5	6	7	8	9	10	11	12
1	53	28	56	24	57	26	55	36	8	37	3	37
2	52	27	53	23	58	33	4	35	5	36	4	38
3	51	36	54	32	5	34	3	34	6	35	1	35
4	10	36	1	31	6	31	2	33	3	34	2	36
5	9	33	2	40	3	32	1	32	4	33	9	33
6	8	34	9	39	4	39	9	31	1	32	10	34
7	7	31	10	38	1	40	9	39	2	31	7	31
8	6	32	7	37	2	37	8	40	9	40	8	32
9	5	39	8	36	9	38	7	37	10	39	15	49
10	4	40	5	35	10	35	6	38	17	48	16	50
11	3	37	6	34	7	36	5	45	18	47	13	47
12	2	36	3	33	8	43	14	46	15	46	14	48
13	1	43	4	42	17	44	13	43	16	45	11	45
14	20	44	11	49	18	41	12	44	13	44	12	46
15	19	41	12	48	15	42	11	45	14	43	15	43
16	16	42	20	47	16	42	20	46	11	42	16	44
17	15	49	19	41	13	41	17	43	12	41	13	41
18	14	50	18	42	14	50	16	44	20	46	14	41
19	11	45	17	49	11	49	15	41	19	45	21	60
20	20	46	16	50	18	48	18	42	28	54	22	59
21	19	43	15	47	15	47	17	59	27	56	29	58
22	18	44	14	48	16	56	26	58	26	53	28	57
23	17	51	13	55	23	55	25	55	25	54	25	56
24	26	52	22	56	24	54	24	56	24	51	26	55
25	25	59	21	53	21	53	23	53	23	52	23	54
26	24	60	30	54	22	60	22	54	22	59	24	53
27	23	57	29	51	29	59	21	51	21	60	21	52
28	22	58	28	52	30	58	30	52	30	57	22	51
29	21	55	27	59	27	57	29	59	29	58	39	10
30	30		26	60	28	56	28	60	38	5	40	9
31	29		25		25		27	7		6		8

2013年

日　月	1	2	3	4	5	6	7	8	9	10	11	12
1	7	32	9	39	4	39	10	31	1	32	10	34
2	6	31	10	38	1	40	9	40	2	31	7	31
3	5	40	7	37	2	37	8	39	9	40	8	32
4	4	40	8	36	9	38	7	38	10	39	15	49
5	3	37	5	35	10	35	6	37	17	48	16	50
6	2	38	6	34	7	36	6	46	18	47	13	47
7	1	45	3	33	8	43	14	46	15	46	14	48
8	20	46	4	42	15	44	13	43	16	45	11	45
9	19	43	11	41	16	41	12	44	13	44	12	46
10	18	44	12	50	13	42	11	41	14	43	19	43
11	17	41	19	49	14	49	20	42	11	42	20	44
12	16	50	20	48	11	50	19	49	12	41	17	41
13	15	47	17	47	14	47	18	50	19	50	18	42
14	14	48	18	46	11	48	17	47	20	49	25	59
15	11	45	15	43	12	45	16	42	27	58	22	60
16	20	46	15	42	19	47	15	59	28	57	29	57
17	19	53	14	41	20	56	22	60	25	56	30	58
18	26	54	13	55	27	55	21	57	25	51	27	56
19	25	59	22	56	28	54	30	58	24	60	28	55
20	24	60	21	53	21	53	23	55	23	59	25	54
21	23	57	30	54	22	52	22	56	22	59	26	53
22	22	58	29	51	29	51	21	51	21	60	21	52
23	21	55	28	52	30	60	30	52	30	57	22	51
24	30	56	27	59	27	59	29	59	29	58	39	10
25	29	53	26	60	28	58	28	60	38	5	40	9
26	28	54	25	57	25	55	27	7	37	6	37	8
27	27	1	24	58	26	4	36	8	36	3	38	7
28	36	2	23	5	33	3	35	5	35	4	35	6
29	35		32	6	34	2	34	6	34	1	36	5
30	34		31	3	31	1	33	3	33	2	33	4
31	33		40		32		32	4		9		3

あとがき

いろいろと書きましたが、一番肝心なことを最後に伝えます。それは、行動すること。自分の運気に陰りを感じたら、とにかく動き出せばいい。動き出して失敗もして、そこから学び、また行動して……。面倒なことの中に幸福があり、立ち止まれば苦悩しかありません。日々、前進すればいいだけです。
その時、この本がみなさんの役に立つことを願っています。

ゲッターズ飯田

【著者プロフィール】

1999年からお笑いコンビ『ゲッターズ』として活動。コンビ解散後、放送作家・タレント・占い師として、幅広いメディアで活躍中。〝人の紹介でしか直接占いを行わない〟スタンスが芸能界、占い師の中で評判を呼び、これまでに占った人数は4万人を超える。著書に『モンスターハンター　モンスター占い』シリーズ（カプコン）、『ボーダーを着る女は、95％モテない！』（マガジンハウス）、『ゲッターズ飯田のあなたのこたえ合わせ占い』（ワニブックス）など多数。50秒単位で自分の運気のアップダウンが見える『ゲッターズ飯田の開運ウオッチ』（タカラトミーアーツ）も絶賛発売中。
ゲッターズ飯田オフィシャルブログ
http://ameblo.jp/koi-kentei

構成　スプリングファーム
デザイン　鴫原誠一
イラスト　cawa-j ☆かわじ

ゲッターズ飯田の
開運ブック
60タイプ別開運のための3ヵ条

2014年1月22日　第 1 刷発行
2015年8月 3 日　第13刷発行

著者　ゲッターズ飯田

発行者　鈴木 哲
発行所　株式会社 講談社
〒112-8001　東京都文京区音羽 2-12-21
電話　出版　03-5395-3474
販売　03-5395-3606
業務　03-5395-3615
印刷所　凸版印刷株式会社
製本所　株式会社国宝社

N.D.C.148 128p 19cm　/　ISBN 978-4-06-218739-8